HINRICH BUES

Pater Bernhard
Nur die Liebe heilt

Erzählungen über das Wirken Gottes
in meinem Leben

www.bebeverlag.at

HINRICH BUES

Pater Bernhard
Nur die Liebe heilt

Erzählungen über das Wirken Gottes
in meinem Leben

Be&Be-Verlag Heiligenkreuz 2015
ISBN 978-3-902694-87-4

2. überarbeitete Auflage
Foto Cover: Susanne Hammerle
Korrekturen: Mag. Carmen Thurner, Mag. Simone Pichler
Gestaltung: AugstenGrafik, www.augsten.at
Druck: auf Munken Print cream 1.5 90g
Alle Rechte vorbehalten. Printed in EU 2016.

Be&Be

© Be&Be-Verlag Heiligenkreuz im Wienerwald,
www.bebeverlag.at
www.klosterladen-heiligenkreuz.at
Direkter Vertrieb:
Klosterladen Stift Heiligenkreuz
A-2532 Heiligenkreuz im Wienerwald
Tel. +43-2258-8703-400
E-Mail: bestellung@klosterladen-heiligenkreuz.at

HINRICH BUES

Pater Bernhard
Nur die Liebe heilt

Erzählungen über das Wirken Gottes
in meinem Leben

Inhalt

Mutter Teresa und die Macht des Gebetes

Rom und Priesterweihe

Pfarrer und Professor

Okkultismus, Flüche, Bekehrungen

Mein Kloster in Heiligenkreuz

Mit Missionaren unterwegs

Was wären wir ohne Pater Bernhard!

Pater Karl Wallner

Mein Mitbruder Pater Bernhard ist ein „Phänomen". Wenn man ihn zum ersten Mal sieht, könnte man meinen – vor allem jetzt, wo er in die Jahre kommt – einem drolligen Pandabären zu begegnen, der mit schlurfendem Schritt auf sein Gegenüber zutrippelt. Dann folgt ein schelmisches Grinsen – und während man den Eindruck hat, hier dem Inbegriff kirchlicher Harmlosigkeit gegenüberzustehen, durchblicken die kleinen klugen Augen von Pater Bernhard einen schon bis auf den Grund der Seele …

Es war ein ziemlich mühevoller Weg bis zu diesem Buch. Natürlich hat sich Pater Bernhard geziert wie eine Primadonna, – nein, wie ein demütiger Mönch. Und wie! Aber er ist auch klug genug, zu wissen, dass die gnadenhaften Erfahrungen, die er in seinem reichen Leben gemacht hat, auch für andere zur Gnade werden können. Denn sie geben Zeugnis von der Größe des Wirkens Gottes. Pater Bernhard ist auch immer ein Mann der Vermittlung gewesen: durch die althergebrachte Form der Predigt. Sobald er den Mund öffnet, ist man gepackt. Nicht nur, dass seine Stimme in einer wunderschön sanften Melodik dahinläuft: Er hat auch etwas zu sagen. Und er weiß auch, wie er es sagt, damit es die Herzen der Menschen erreicht. So war es für ihn immer selbstverständlich, nicht nur zu predigen oder Exerzitienvorträge zu halten, sondern sich auch in den Studios katholischer Fernseh- und Radioanstalten richtig wohlzufühlen: *„Wehe mir, wenn ich nicht verkündige!"* (1 Kor 9,16)

Dank seiner urösterreichischen Herkunft – er hat *natürlich* tschechische Vorfahren – hat er dieses immer seltener werdende Charisma, das den Namen „Wiener Schmäh" trägt. Pater Bernhard versteht es, selbst bittere Medizin so zu verabreichen, dass sie wie Vanilleeis schmeckt. Wenn er etwa bei den großen Besinnungsnachmittagen, wo sich 250 Menschen aller Glaubens- und Unglaubensschattierungen im Kaisersaal drängen, die Menschen zur Beichte motiviert: *„Traut euch ruhig zur Beichte zu kommen!"* Die Leute sagen ja immer: *„Wir gehen zum Pater Bernhard beichten, weil dem graust vor gar nix!"* Da sehe ich dann immer, wie in einigen, die sich fest vorgenommen hatten, *nicht* zur Beichte zu gehen, die inneren Widerstände, die vorbereiteten Scheinargumente und Schanzen, sich ins Nichts auflösen.

Und Pater Bernhard ist gescheit und schöpft aus einem weiten Schatz des Wissens. Er stammt aus einer Wiener Ärztefamilie. Das Akademische verbindet sich bei ihm mit dem Therapeutischen und Medizinalen. Es war ihm als Professor der Hochschule Heiligenkreuz nie ein Anliegen, sich in das Wolkenkuckucksheim der Fachartikelschreiberei zurückzuziehen. Aus seinem reichen Fachwissen in Liturgie und Spiritueller Theologie begeistert er die Studierenden für ein verinnerlichtes, lebendiges und nicht bloß „gewusstes" Verständnis von Liturgie und kirchlicher Sakramentenpraxis.

Pater Bernhard Vošicky ist aber vor allem ein Heiler. Das ist seine Berufung! Er hat die Gabe des Lösens. Nicht nur für belastete Menschen, denen er sich stunden- und tagelang im Beichtstuhl widmet, sondern auch für unsere klösterliche Gemeinschaft ist er ein Segen: Wie sollten wir ohne Pater Bernhard die Verspannungen untereinander aushalten? Wer kann so gut innere Verkrampfungen, die einen im geistlichen Leben unweigerlich befallen, lösen? Jeder, der Pater Bernhard in der Beichte gegenübersitzt, hat das Gefühl, dass er für ihn der einzige und allein wichtige Mensch auf diesem Planeten ist. Er lebt in einer Aura der Heilung.

Pater Bernhard hat ein Gespür dafür, wann es einem schlecht geht und wann man Heilung braucht. Ich erinnere mich, wie ich vom Begräbnis eines tragisch verstorbenen Jugendlichen in meine Klosterzelle zurückkehrte und mich dort eine Flutwelle von Traurigkeit – gepaart mit Selbstvorwürfen, dass ich als Jugendseelsorger versagt hätte – niederwalzte. Und genau in dem Augenblick größter Trostlosigkeit klopfte es an der Tür und Pater Bernhard stand in seiner entwaffnenden Rundlichkeit da: *„Mein Schutzengel hat mir gesagt, dass Du mich brauchst."* Wie vielen Mitbrüdern und Priestern hat er in Krisen geholfen! Pater Bernhard hat ein Gespür für wahre Seelennot. Das zeigt sich auch so, dass er oft schwer zu erreichen ist. Denn er verwendet weder Mobiltelefon noch Email. Und seine treue Sekretärin Schwester Rozina Mihaly kommt oft nicht nach, die Flut an Briefen und Karten zu ordnen. So ist Pater Bernhard oft unerreichbar. Auch die Klosterpförtner haben sich an die faktische Nichtexistenz von Pater Bernhard schon gewöhnt, wenn sie mit Anrufen bombardiert werden. Aber: Wenn man ihn wirklich braucht, dann ist er da! Und wie!

Pater Bernhard ist aber auch ein „Schlawiner", wie man das auf Österreichisch sagt. Er ist immer der Wiener Lausbub geblieben. Vor allem in seinem unbremsbaren Seeleneifer findet er so manches Schlupfloch, um den klösterlichen Gehorsam auf seine eigene Art zu interpretieren. Unser Abt Maximilian Heim, der ihn zum Subprior des Stiftes gemacht hat, schätzt ihn sehr und will ihn deshalb verständlicherweise immer neben und um sich haben. Der Abt als kluger Hirte weiß, wie wichtig Pater Bernhard für die innere Harmonie und die Stabilität unserer Klostergemeinschaft ist. Darum gibt er ihm kaum noch die Erlaubnis, Vorträge und Exerzitien außerhalb des Klosters zu halten, um ihn vor seinem eigenen apostolischen Eifer zu schützen. Und der Herr Abt schickt ihn auch jedes Jahr energisch auf Kur, damit er sich erholen kann und gesund bleibt. Das werden dann aber trotzdem recht apostolische Kuraufenthalte, denn Pater Bernhard bleibt zwar gehorsam an seinem Kurort. Aber den einen oder anderen Vortrag von ihm kann man dann doch auf „Radio Maria" hören: Pater Bernhard spricht live aus seinem Zimmer während seines Kuraufenthaltes. Er braucht das Apostolisch eben, um wirklich gesund zu werden.

Nein, dieses Buch wird keine Heiligsprechung von Pater Bernhard. Wir im Kloster wissen, dass unser Mitbruder auch nur ein Mensch ist. Aber ein sehr wertvoller. Mit diesem Buch gibt Pater Bernhard einfach Zeugnis über das Wirken Gottes in seinem Leben. Und das ist interessant, das ist ermutigend, das ist berührend. Ich danke ihm, dass er zu diesem Zeugnis bereit ist, denn gewiss ist es auch eine Form des Martyriums. Manch einer könnte vielleicht spotten, warum ein Mönch und Ordensmann solche persönlichen und oft auch aus dem innersten Herzen kommenden Erfahrungen preisgibt. Danke, Pater Bernhard, Du bist ein Apostel durch und durch, auch durch dieses Buch! Ich bin auch dem Herrn Abt dankbar, dass er die Erlaubnis zu diesem Buch gegeben hat. Die heutigen Menschen brauchen ja nicht so sehr Belehrung. Sie brauchen Zeugen der Wirklichkeit der Gnadenmacht Gottes. Und Pater Bernhard ist eben ein Gotteskind mit vielen Charismen.

Als Leiter des Be&Be-Verlages gilt mein besonderer Dank Dozent Dr. Hinrich Bues, einem ehemaligen evangelischen Pastor, der in die katholische Kirche gefunden hat und das Katholische liebt, ohne dabei seinen nüchternen hanseatischen Stil verloren zu haben. Dr. Bues ist nämlich ein echter Hamburger. So hat er die persönlichen Erzählungen von Pater Bernhard in eine Form gebracht, die nicht mehr ganz „Wiener Romantik" und noch nicht endgültig „norddeutsche Sachlichkeit" sind. Wir wollen ja schließlich, dass das Buch von unserem Pater Bernhard nicht nur von Wienerinnen und Wienern gelesen wird. Sein Fankreis erstreckt sich ja mittlerweile über den gesamten deutschen Sprachraum... Ohne Dr. Bues, der samt seiner Frau Rosemarie natürlich auch selbst in den Bannkreis der Faszinationskraft von Pater Bernhard geraten ist, wäre dieses Buch nicht entstanden. Ein Buch über sich selbst schreiben? Nein, das wollte Pater Bernhard natürlich nicht. „Nur die Liebe heilt" geht auf Interviews zurück, die Dr. Bues mit unserem Mitbruder machen durfte. Darum entspricht die Ich-Form auch durchaus der Wahrheit. Ich sage beiden, Pater Bernhard und Dr. Bues, ein großes Vergelt's Gott für die Bereitschaft, auf je unterschiedliche Weise demütig zu sein!

Die endlosen Stunden im Beichtstuhl, die gelebte und gelehrte Liebe zu Jesus Christus, zur Gottesmutter Maria, zur Kirche, das Wuchern mit seinen intellektuellen und geistlichen Talenten... all das wird der liebe Gott unserem phänomenalen Mitbruder einmal vergelten. Das Buch war mir ein persönliches Anliegen, um ihm zu danken, denn ich verdanke ihm, wie man nachlesen kann, viel. Dieses Buch von und über Pater Bernhard Vošicky erzählt davon, dass Gott durch einen Menschen, der bereit ist sich ganz für Gott zu öffnen, heilend und heiligend in diese Welt ausstrahlen will.

Kindheit und Berufung

Kain und Abel und meine erste Beichte

Als Siebenjähriger machte ich meine ersten Erfahrungen mit der Beichte. In der Schule unterrichtete uns Dr. Adolf Holl, damals Kaplan der Pfarre St. Johann Evangelist in Wien-Favoriten, dem südlichen 10. Gemeindebezirk. Der Geistliche war beliebt, weil er mit uns – im Talar und mit Birett am Kopf – Fußball spielte. Kleinere Fehler wie einen Schuss mit dem Ball an die Kirchenmauer verzieh er gerne, aber im Klassenzimmer hatte er einen strengen Ruf.

Einmal mussten wir im Religionsunterricht zeichnen, wie Kain und Abel ihre Gaben Gott opferten. Mein Bild sollte ich der ganzen Klasse zeigen, weil ich ein „Sehr gut" bekommen hatte. Das Bild war vielleicht deshalb so gut gelungen, weil die Begegnung mit dieser biblischen Geschichte für mich eine tiefgehende Erfahrung war. Hier passierte meine erste tiefere Begegnung mit dem, was man „gut" und „böse" nennt.

Das Opfer von Abel wurde angenommen, jenes von Kain aber abgelehnt. „War einer also quasi Gottes Liebling, der andere aber ungeliebt?", fragte ich mich. Was hatte Kain falsch gemacht? Beide Brüder hatten ihre jeweilige Arbeit als Bauer (Kain) und als Hirte (Abel) verrichtet. Nun wollten sie Gott ihre Erstlingsgaben darbringen. Dann passierte etwas ganz Entscheidendes, was schließlich zum ersten Brudermord in der Menschheitsgeschichte führte.

Als Kains Opfer von Gott abgelehnt wurde, heißt es in der Bibel: *„da überlief es Kain ganz heiß und sein Blick senkte sich".* Der Höchste warnt ihn daraufhin folgendermaßen: *„Nicht wahr, wenn du recht tust, darfst du aufblicken. Wenn du nicht recht tust, lauert an der Tür die Sünde als Dämon. Auf dich hat er es abgesehen, doch du werde Herr über ihn."* (Gen 4,1–7)

Kain, das zeigt das folgende Drama, wurde offenbar nicht *Herr über die Sünde als Dämon.* So kann es auch heute gehen. So beginnen vielfach Dramen. Wenn wir beispielsweise dem Neid oder Ärger wegen einer Zurücksetzung Raum geben, dann lauert bereits an unserer Herzenstür die Sünde, weil wir nicht mehr recht tun, denken oder empfinden.

Was scheinbar harmlos begann, kann dann unfassbare Folgen haben, wie im Fall dieser beiden Brüder. Schließlich ermordet Kain seinen Bruder Abel: Er lockt ihn heimtückisch auf sein Feld und erschlägt ihn. Wie viel Unglück, wie viele Verbrechen sind schon aus Neid, Ärger, Eifersucht oder Zurücksetzung begangen worden! Werden wir im Namen Gottes nicht freigesprochen von der Sünde, dann kann dieser „Dämon" sein Zerstörungswerk beginnen.

Die unheilvolle Geschichte von Kain und Abel wirkte sich auch auf meine Haltung bei der Erstbeichte aus. Auf einem kleinen Zettel hatte ich sorgfältig alle Sünden notiert, derer ich mich entsinnen konnte. Die Vorbereitung auf die Erstbeichte übernahm unser Religionslehrer Kaplan Holl. So kniete ich im Beichtstuhl und las alles vor, was ich auf meinem Spickzettel notiert hatte.

Als alles gesagt war, fühlte ich eine große Erleichterung und lief mit meinem Freund *Johann Raffetseder*, heute Vizebürgermeister in Gaaden bei Wien, in den neben der Kirche liegenden Keplerpark. An einem großen Kanalgitter machten wir halt und zerrissen das Stück Papier in viele kleinstmögliche Teile, die man durch das Gitter in die Dunkelheit rieseln lassen konnte.

Doch, wie von einem Geistesblitz getroffen, sah ich meinen Freund an und fragte entsetzt: *„Was ist, wenn die Ratten da unten unsere Sünden lesen?"* Von der Idee gequält, eilte ich nach Hause und fragte meine Großmutter, ob Ratten lesen können. *„Lesen können sie schon, weil sie ja Augen haben"*, antwortete sie, *„aber verstehen werden sie nichts, weil sie Tiere sind."* Mit großer Erleichterung hörte ich ihre beruhigenden und beschwichtigenden Worte.

Am darauffolgenden Sonntag stand Kaplan Holl mit Birett und weißem Rochet wieder auf der Kanzel. Einen richtigen Totenkopf hatte er mitgebracht und auf die Brüstung der Kanzel gelegt. Während der Predigt strich er immer wieder über den Totenkopf, was für mich als befremdliches und furchtbares Bild haften blieb. Was er genau gesagt hat, weiß ich nicht mehr, aber ich vermute, dass er über unser vergängliches Leben gesprochen hat und wir daran denken müssen, dass nicht alles ewig ist.

Für die Kinder ein eher schauerlicher Moment, für die Erwachsenen in einer Zeit, wo noch kein Fernseher in jedem Haushalt stand, sicher recht einprägsam. Dr. Adolf Holl wurde übrigens in den 1970er Jahren wegen häretischer Aussagen, unter anderem in seinem Buch „Jesus in schlechter Gesellschaft" (1971), vom Wiener Erzbischof Franz Kardinal König die Lehrerlaubnis entzogen. Er wurde auch vom Priesterdienst suspendiert. Einem breiteren Publikum wurde er später als Moderator der ORF-Fernsehsendung *Club 2* und als Autor bekannt.

Am Tag der Erstkommunion, dem 25. Mai 1958, mahnte uns Kaplan Holl mit seiner großen Gestalt noch einmal ernsthaft: *„Kinder, ihr habt heute Erstkommunion. Wenn jemand seit der Beichte noch einmal gesündigt hat, soll er in seinem Herzen forschen."* Uns knurrte bei seinen Worten schon der Magen, denn es war damals üblich, dass man seit Mitternacht vor dem Empfang der Heiligen Kommunion nichts mehr essen durfte. Wir freuten uns ja alle schon auf den Kakao und den Gugelhupf, den es bei der anschließenden Feier geben sollte.

Die ganze Aufregung schlug mir allerdings derartig auf den Magen, dass ich nach der feierlichen Erstkommunionsmesse leider keinen Hunger mehr hatte. Aber den Leib unseres Herrn Jesus Christus hatte ich nun zum ersten Mal in mich aufgenommen; in der Heiligen Beichte waren mir alle Sünden vergeben worden! Das war großartig! Was für ein gnadenvolles und unverdientes Geschenk Gottes, für das sein Sohn Jesus für mich ans Kreuz gegangen war, hatte ich empfangen! Den ganzen Tag lang habe ich glücklich gebetet: *„Jesus, komm' zu mir – Jesus, bleib' bei mir – Jesus, geh' mit mir! Amen."*

Prüfungen in der Schulzeit

Zwei Jahre nach der Erstkommunion stand im Sommer 1960 die Aufnahmeprüfung in das Bundesrealgymnasium vor der Tür. Sie fand in Wien-Margareten in der Reinprechtsdorferstraße, im heutigen Haydn-Gymnasium, statt.

Die ganze Geschichte war für mich sehr aufregend, weil man damals noch einige Rechenaufgaben und einen Deutschaufsatz zu schreiben hatte, um von der Volksschule in das Gymnasium aufgenommen zu werden – beide Prüfungen waren zwar lösbare Aufgaben, aber in der sommerlichen Hitze an diesem heißen Augusttag ein fürchterliches Unterfangen.

Ich war mir meines Scheiterns fast sicher. Die Hoffnung, die Aufnahmeprüfung dennoch bestanden zu haben, keimte erst in der anschließenden Schülermesse in der sogenannten *„Rauchfangkehrer Kirche"* auf. So wurde diese Kirche im 5. Wiener Bezirk umgangssprachlich von Wienern genannt, obwohl sie eigentlich dem heiligen Florian geweiht war. Ich sandte dort besonders innige Stoßgebete gen Himmel und wurde tatsächlich einige Tage später in das Gymnasium in der Ettenreichgasse im 10. Wiener Bezirk aufgenommen.

Der Schulalltag war streng, teilweise sogar unmenschlich, denn von acht bis vierzehn Uhr hatte man Unterricht und konnte in jeder Stunde – ohne vorherige

Ankündigung – geprüft werden. Zuerst Latein, dann Mathematik, Physik, Geographie und Englisch. Am Ende des Schultages kam dann noch die Turnstunde. Man musste für jedes Fach alles parat haben, was sich nicht immer als leicht erwies. Meine schulischen Leistungen waren eher durchschnittlich.

Besonders Mathematik gehörte nicht zu meinen Stärken. Die Mathematikmatura verfolgte mich noch später in nächtlichen Albträumen. Ich schreckte hoch und dachte, dass ich durchgefallen sei und die gesamte Matura (Abitur) wiederholen müsse. Angstbesetzt war die Mittelschulzeit. Die Härte und Strenge vieler Professoren in der Nachkriegszeit hatte einen gewissen militärischen Beigeschmack. Obwohl der Leistungsdruck in der Schulzeit enorm war, blieb unsere Klassengemeinschaft bis in die Gegenwart bestehen. Wir kommen heute noch regelmäßig zu Maturatreffen zusammen, dank unserem Klassensprecher Rudolf Avanger.

An einen Lehrer erinnere ich mich besonders gerne, unseren lieben Religionslehrer *Prof. Dr. Walter Strauss*. Als gebürtiger Jude war er erst im Teenageralter Christ geworden und hatte sich 1937 taufen lassen. Als Adolf Hitler 1938 in Österreich einmarschierte, versuchte Strauss unterzutauchen, wurde aber gefasst und sollte im Konzentrationslager vergast werden. Durch einen Ausnahmebefehl des „Führers" blieb er glücklicherweise am Leben. Im Schutz des Franziskanerordens studierte er dann während des Zweiten Weltkrieges als „Bruder Felix" Theologie und wurde 1946 zum Priester geweiht.

Prof. Strauss hat mir immer imponiert und uns im Unterricht sehr viel gegeben. Jeden ersten Freitag im Monat, am Herz-Jesu-Freitag, hielt Kaplan Strauss eine Heilige Messe, zu der mein Bruder Karl und ich mit dem Frühbus aus Leopoldsdorf kamen. Im Winter war es oft eiskalt und der Wind fegte den Schnee über die Felder, sodass wir Kinder heilfroh waren, wenn wir nach der Messe im Pfarrheim St. Anton mit heißem Tee und Zimtschnecken mit Rosinen empfangen wurden. Diese regelmäßigen Messbesuche erweckten meine Liebe zu Jesus, wofür ich rückblickend unendlich dankbar bin.

Mit 17 Jahren vertraute ich Prof. Strauss an, dass ich Priester werden möchte, worüber er sich sehr freute und wobei er mich danach auch begleitete. Mit Dr. Strauss blieb ich zeitlebens verbunden. Nach seiner Pensionierung als Gymnasiallehrer wirkte er von 1981 bis 1997 als Dozent an unserer Phil.-Theol. Hochschule Heiligenkreuz. Bis ins hohe Alter widmete er sich der Feier der Heiligen Messe sowie dem Dienst im Beichtstuhl. Ich durfte bei seinem Priesterjubiläum predigen und letztendlich auch seine Beerdigung halten.

Das Engagement von Dr. Strauss für meinen Weg zum Priestertum wurde allerdings an der Schule nicht nur gutgeheißen. In *Adolf Holl*, meinem ersten Religionslehrer, selbst Priester und Spender meiner Erstkommunion, hatte er einen veritablen Gegner. Holl hatte damals wahrscheinlich schon seine Krise. Er riet mir vom Weg zum Priestertum ab und zeigte mir viele schlechte Priesterbilder auf.

Aber ich wusste schon, dass es Priester gibt, die den Zölibat nicht halten, sogar Frau und Kinder haben. Von solchen Argumenten habe ich mich nicht abschrecken lassen und dachte nur: *„Das mag sein, dass es solche Priester gibt, ich aber fühle mich berufen. ‚Wer das erfassen kann, der erfasse es!'"* (Mt 19,12).

Als wir in der siebten oder achten Klasse gefragt wurden, was wir mit unserem weiteren Leben tun möchten, äußerte ich bereits meinen Wunsch, Theologie zu studieren. Doch in Karl Grünn, unserem Geographieprofessor und Turnlehrer, hatte ich einen zweiten Gegner meiner Ambitionen. Zunächst hatte er meinen Studienwunsch nicht richtig verstanden und meinte, ich wolle Geologie studieren, was ihn natürlich begeisterte, weil er als guter Lehrer eben von seinem eigenen Fach schwärmte.

Als ich ihn jedoch über sein Missverständnis aufklärte, nicht *Geo*logie sondern *Theo*logie studieren zu wollen, blickte er mich fassungslos an. Prof. Grünn, der mit

Adolf Holl sympathisierte und später zum Direktor des *Gymnasiums an der Pichelmayergasse* befördert wurde, versuchte mir sogar während der Turnstunde mein Vorhaben auszureden. Der Zölibat sei mit der Sexualität nicht vereinbar. So eine Existenz sei daher nicht lebbar, argumentierte er.

Doch ich spürte schon damals einen starken Evangelisationsimpuls und sagte mir: *„Auch wenn er gegen mein Priestertum ist, werde ich gerade bei ihm maturieren. Auch wenn du mich nicht magst – trotzdem."* Ich habe immer das *Trotzdem* gelebt. Einige Jahre später hatte Karl Grünn eine schwere Erkrankung, die zufälligerweise mein Vater in seiner Arztpraxis konstatierte. Als Prof. Grünn von dieser Diagnose erfuhr, wandte er sich an meinen Vater mit der Bitte: „Kann Ihr Sohn für mich beten?"

Dieser Bitte kam ich als junger Priester gerne nach. Ich trage weder Karl Grünn noch Adolf Holl etwas nach oder bin ihnen irgendwie böse. Selbstverständlich habe ich ihnen vergeben. Positiv gesehen waren beide Personen für mich so etwas wie die ersten Prüfsteine auf meinem Weg zum Priestertum.

So ist es ja oft, wenn Menschen eine Berufung von Gott erhalten. Sofort stellen sich Widerstände verschiedener Art ein. Unerwartet treten auch bestimmte Personen gegen einen auf. Da ist ein *Trotzdem* gefragt; die eigene Berufung wird gleichsam durch einen Prozess, wie

Gold im Feuer, geläutert. Nach der Schulzeit wusste ich daher umso genauer, dass ich Priester werden wollte und sollte.

Auf diesem Weg gibt es aber, das sei auch betont, nicht nur Widerstände, sondern oft genug auch positive Förderer. So hat der noch heute lebende Klassenvorstand Prof. Josef Kogler, heute über 90 Jahre alt, meine Priesterberufung stets gefördert und mit treuem Gebet begleitet. Bei meiner Primiz leitete er den Kirchenchor. Dankbar denke ich an sein christliches und kirchliches Vorbild zurück.

Meine „medizinale Vorprägung"

Mein Mitbruder Pater Karl Wallner hat mir immer eine *„medizinale Vorprägung"* attestiert. Das hat seinen einfachen Grund darin, dass ich in der Arztpraxis meines Vaters Johann Stanislaus Vošický aufgewachsen bin. Mein Vater genoss als Hautarzt im 10. Wiener Bezirk großes Ansehen. Als er vom Bundespräsidenten Kurt Waldheim zum Obermedizinalrat ernannt wurde, schubste ihn mein älterer Bruder Karl bei der Ehrungsfeier stolz an und sagte: *„Der Bundespräsident hat gesagt, dass du die größte Praxis von Österreich hast."* *„Aber, das muss doch nicht stimmen"*, gab mein Vater bescheiden zur Antwort.

Bis zu 120 Patienten täglich gaben sich die Klinke der Praxistür meines Vaters in die Hand. Wenn ich bei kleineren organisatorischen Handgriffen aushalf, lernte ich allerhand kennen. Es war nicht zuletzt dem Kontakt mit den vielen Patienten zuzuschreiben, dass ich jegliche Menschenscheu ablegte. Da auch Prostituierte die Praxis für ihre regelmäßigen Untersuchungen aufsuchten, war mir der Umgang mit Menschen jeglicher Herkunft, jeden Standes, jeden Berufes und egal mit welchen Anliegen ganz selbstverständlich.

Unsere Eltern überließen auch in der sexuellen Aufklärung bei uns beiden Brüdern nichts dem Zufall. Mit dreizehn oder vierzehn Jahren erklärten sie uns alles, was wir wissen mussten. Sie verschwiegen auch nicht, dass es Frauen gibt, die sich Männern zur Verfügung stellen, was wir allerdings nicht ganz verstanden haben. Aber da hat es bei uns gewissermaßen zu dämmern begonnen, dass diese Frauen in dunkle Geschäfte verwickelt sind. Auf jeden Fall entstand in uns der Wunsch, ihnen zu helfen. Denn es sind ja oft arme Frauen, die sich auf diese Weise Geld beschaffen müssen.

Später bei meiner Arbeit in der *Legion Mariens* sind mir diese Kontakte aus der Arztpraxis und die feinfühligen Erklärungen meiner Eltern sehr zugute gekommen. Ich konnte gerade die Menschen ansprechen, mit denen andere oftmals nicht ins Gespräch zu kommen wussten. Frauen, die aus diesem Milieu der Prostitution kamen, waren dankbar, dass sie in einer anderen, wertschätzenden Weise angesprochen wurden, eben von einem Seelsorger, der sie als Person aufwertete, nicht an ihrem Körper, sondern an ihrer Seele interessiert war. Letztlich war es wohl der Beruf meines Vaters, der in mir die Liebe zum Heilen wachsen ließ. Passend für den Sohn eines Arztes wurde *„In Liebe heilen"* zu meinem Lebensprogramm. Als Priester darf ich es immer wieder feststellen, wie die Liebe Menschen heilen kann. *Nur die Liebe heilt.*

Meine letzte Ohrfeige verdanke ich übrigens auch meinem Vater, was so kam: Eines Tages besuchte der damalige Bezirksvorsteher des zutiefst sozialistischen 10. Bezirks die Hautarztpraxis. Da ihm kurz zuvor der Titel eines *Hofrates* verliehen worden war, begrüßte ihn mein Vater anerkennend mit: „*Oh, grüß Gott, Herr Hofrat!*" Da ich als 17-Jähriger zufällig daneben stand, bemerkte ich, weder mundfaul noch schüchtern: „*Der ist doch ein Sozialist. Von welchem Kaiserhof soll denn der ein Hofrat sein?*" Für diesen frechen Satz erhielt ich postwendend eine Ohrfeige.

So diente die Arztpraxis meines Vaters mir nicht nur zu der erwähnten medizinalen Vorprägung, sondern auch zur Erziehung in Fragen der Höflichkeit, die bei einem 17-Jährigen offenkundig und zuweilen noch verbesserungswürdig war. Viel wichtiger aber erwies sich für mich und meinen späteren Weg als Priester der Kontakt mit den Patienten. Gerade weil Jesus Christus uns Christen auffordert, für Kranke um Heilung zu beten, zeigte sich meine medizinale Vorprägung, die ich sozusagen mit der Muttermilch aufgesogen hatte, als Vorteil.

Am Geheimnis der Berufung mitwirken

Meine Großmutter väterlicherseits hieß *Maria Fiala*. Sie war eine verheiratete Vošický und lebte südlich von Prag in Lukavec (Ost-Böhmen). Noch zur Zeit der Monarchie übersiedelte sie 1893 mit ihrem Mann nach Wien. Mein Großvater war gelernter Schneider und arbeitete beim großen Kleiderhaus *Tlapa*.

Meine Großmutter hoffte inständig, dass einer ihrer vier Söhne vielleicht doch noch Priester werden würde. So schickte sie dann ihren jüngsten Sohn, meinen Vater, auf ein katholisches *Knabenseminar*, wie man diese kleinen Schulen nannte, die junge Burschen auf das geistliche Leben und einen eventuellen Dienst als Priester vorbereiten sollten. Meine Großeltern mussten sich das Schulgeld quasi vom Munde absparen.

So kam mein Vater 1928 als Zehnjähriger zunächst nach Daxberg (Oberösterreich) zu den Oblaten des heiligen Franz von Sales, später dann nach Ried im Innkreis. Allerdings erkannte mein Vater mit sechzehn Jahren, dass es nicht seine Berufung war, Priester zu werden. Er teilte diese Einsicht seinen Vorgesetzten mit, die meinten, er solle ruhig das Abitur machen und studieren. Dann würde er eben einem anderen Ruf folgen. So wurde aus meinem Vater schließlich ein guter Arzt – ein Beruf, in dem es ja auch um das Heil und die Heilung des Menschen geht.

Ich weiß nicht, ob meine Großmutter über diesen Werdegang sehr unglücklich war, wo sie doch so sehr gehofft hatte, dass aus ihrem Buben einmal ein guter Priester werden würde. Aber eines weiß ich von ihr mit Sicherheit: Als sie noch in Tschechien lebte, unternahm sie jedes Jahr eine Fußwallfahrt nach Svatá Hora, einem schönen Marienheiligtum in der Nähe von Prag. Am vierten Tag der Wallfahrt, also kurz vor dem Ziel, ging sie immer barfuß oder *bloßfüßig,* wie wir in Österreich sagen. Die letzte Strecke auf den heiligen Berg rutschte sie auf Knien hinauf.

Jedes Jahr machte meine Großmutter diese Wallfahrt mit ihren Schwestern, damit einer ihrer Söhne Priester werden würde. Aber es geschah nicht. Erst im Himmel durfte sie sich darüber freuen, dass zumindest einer ihrer Enkel schließlich Priester wurde. Für sie war es sicher ein Fest, als ich 1975 meine Priesterweihe feiern konnte. Nicht nur für sie allein, sondern für viele Engel, Märtyrer und Heilige in der himmlischen Welt ebenso, die mit ihr gefeiert haben.

Was können wir daraus lernen? Wir müssen zwar etwas tun, damit wir Berufungen zum geistlichen Dienst bekommen. Aber wir können nicht den Zeitpunkt der Erfüllung unserer Gebete bestimmen. Gott erhört zwar auf jeden Fall unsere Gebete, aber er erfüllt sie nach seinem Plan, nach seiner göttlichen Weisheit und nach seinem Zeitplan.

Interessanterweise bin ich nicht die einzige Berufung aus meiner Familie zum geistlichen Stand geblieben. In den Familien der leiblichen Schwestern meiner Großmutter in Tschechien ereigneten sich drei Berufungen, zwei Priester und eine Ordensfrau. Offensichtlich also ging der Same ihrer Gebete, ihrer treuen Wallfahrten in das Kloster *Svatá Hora* in *Příbram* in Mittelböhmen auf.

So bin ich meiner Großmutter Maria Fiala zutiefst dankbar für ihre Gebete, für alle Opfer, die sie für diesen Herzenswunsch aufbrachte. Ohne sie hätte ich wohl kaum den Ruf Gottes in den priesterlichen Dienst hören und befolgen können. Wie aber passierte meine Berufung?

Jede Berufung ist ein Wunder Gottes

Wenn es wirklich Gott ist, der einen Menschen ruft, dann gibt es eigentlich kein Zurück. Als Jesus am See von Gennesaret den Fischer Simon Petrus zu seinem Jünger berief, sagte er: *„Fürchte dich nicht! Von jetzt an wirst du Menschen fischen."* (Lk 5,10). Furcht ist, das sehen wir hier bei Simon, eine ganz natürliche Reaktion, wenn der Ruf Gottes an einen Menschen ergeht.

Wer würde sich nicht vor all dem Ungewissen, da auf einen zukommt, fürchten? Berufung ist das Gegenteil von Selbstbestimmung oder eigener Wahl. Da hat man das Leben nicht mehr in der eigenen Hand. Wir leben heute in einer Zeit, die durch Esoterik und die Mentalität des Zeitgeistes stark von dem Gedanken der Selbstbestimmung, der Autonomie des Individuums, geprägt ist. Jeder möchte oder soll sein Glück selbst schmieden, sich selbst verwirklichen.

Bei einer Berufung aber geschieht das genaue Gegenteil. Gott ist es, der dann dein Leben schmieden will, der sich in dir verwirklichen will. Ich lade dich daher ein, darüber nachzudenken, wann Gott in dein Leben eingetreten ist, wann er vielleicht dich zu einem besonderen Dienst, zu einer unverzichtbaren Aufgabe gerufen hat. Neben dem Dienst zum Priester oder Ordensstand gibt es ja noch eine Reihe weiterer Aufgaben in Gottes Reich.

Die in der Bibel erwähnten Brüderpaare Simon und Andreas sowie Jakobus und Johannes berichten genau die Umstände ihrer Berufung (vgl. Mt 4,18–22). Johannes schildert in seinem Evangelium sogar die exakte Zeitangabe: *„Es war um die zehnte Stunde"* (Joh 1,39), also gegen 16 Uhr heutiger Stundenzählung.

Auch der Evangelist Matthäus berichtet über seine Berufung an der Zollstation von Kafarnaum in allen Einzelheiten: Jesus kam dort am Nordufer des Sees von Gennesaret vorbei, berief diesen bei der Bevölkerung als Kollaborateur mit der römischen Besatzungsmacht verachteten Mann als seinen Schüler und Jünger. Er aß sogar mit ihm, woraufhin die frommen jüdischen Pharisäer entsetzt fragten: *„Wie kann euer Meister zusammen mit Zöllnern und Sündern essen?"* Und Jesus antwortete: *„Nicht die Gesunden brauchen den Arzt, sondern die Kranken."* (Mt 9,9–13).

In meinem Kloster *Stift Heiligenkreuz* bei Wien gab es einen Mitbruder, Pater Alban Bunse, der sein Leben lang als Bergbauingenieur arbeitete. Erst im Alter von 70 Jahren erhielt er seinen Ruf in den Ordens- und Priesterstand. Sein ganzes Leben wurde er von Gott geheimnisvoll auf diese Stunde vorbereitet. Als sich unser Kloster letztendlich entschloss, mitten im Ruhrgebiet in Bochum ein Tochterkloster zu gründen, war dies für Alban Bunse das entscheidende Zeichen: *„Gott will mich als Zisterzienser."*

Alban Bunse trat in das neu gegründete Kloster in Bochum-Stiepel ein, studierte Theologie und wurde noch mit 75 Jahren zum Priester geweiht. Bis zu seinem Tod wirkte er dann neun segensreiche Jahre als Priester. Wenn Sie mehr über diesen begnadeten Mann erfahren wollen, lesen Sie sein Buch: Pater Alban Bunse, Ein Zeuge für die Freiheit des Gewissens (Be&Be-Verlag, Heiligenkreuz 2014).

Auch ich kann meine Berufungsstunde niemals vergessen und noch genau schildern. Meine Berufung geschah am 18. Mai 1963 und zwar am Vormittag in Klosterneuburg an der Donau. Mit vielen anderen Mädchen und Buben sollte ich von *Weihbischof Dr. Jakob Weinbacher* gefirmt werden. Als ich zum Altar schritt, um die Heilige Firmung zu empfangen, hörte ich den Ruf: *„Du sollst Priester sein!"*

Ich drehte mich etwas verunsichert in alle Richtungen um, sah viele Mädchen und dachte: *„Die können doch nicht Priester werden."* Danach entdeckte ich einige Buben und dachte: *„Ach so, die sind gemeint, die werden alle Priester!"* Doch plötzlich durchfuhr es mich. Da wurde mir klar, dass nicht die anderen, sondern *ich* gemeint war. Der Ruf Gottes war nicht an die anderen, sondern an mich ergangen.

Dieses Erlebnis behielt ich dann einige Jahre für mich. Erst bei meiner Matura (Abitur) im Jahr der Studentenrevolten 1968 habe ich meinem Vater den Wunsch mitgeteilt, dass ich Priester werden möchte. Mein Vater, der ja selbst diesen Ruf nicht erhalten hatte, unterstützte mich dann voll und ganz auf dem Weg zum Priesterstand – physisch wie mental. Meine Mutter war anfangs ganz untröstlich. Sie wollte Enkelkinder haben und dachte, dass diese Phase bei mir wieder vorbeigehe. Auch mein Bruder Karl war überrascht. Doch mein Vater ermutigte mich: *„Wenn du glaubst, dass du den Zölibat halten kannst, dann tu es!"*

Am Anfang dieses Weges steht also nicht nur die Furcht vor einem ungewissen Weg oder manche Anfragen aus der eigenen Familie. Am Anfang dieses Weges steht auch die Freude. Diese Freude müssen wir uns erhalten. Freue dich über deine Berufung, *„vor ihm zu stehen und ihm zu dienen"*, wie es im Zweiten Hochgebet der Heiligen Messe heißt. Der heilige Bernhard von Clairvaux, unser großer Ordensvater der Zisterzienser, drückt diese Freude der Berufung, die alle anfängliche Furcht übersteigt, in einem wunderbaren Gebet aus:

„Voll Vertrauen folge ich dir, Herr, wohin du auch gehst.

Getrost wandle ich auf dem Pfad deiner Gebote, denn ich weiß, dass du mir selbst auf ihnen vorangegangen bist.

Getrost eile ich auf dem Pfad deiner Gebote, denn ich habe erkannt, dass du vom höchsten Himmel aus gegangen bist, diesen Weg zu laufen, und dass du auf diesem Weg seine Höhe erreicht hast."

Studium und Priesterseminar

Im Revolutionsjahr 1968 ins Priesterseminar

Im Jahr 1968 standen die Zeichen in Österreich wie in anderen Teilen der europäischen und westlichen Welt auf Sturm. Linksgerichtete Studenten- und Bürgerrechtsbewegungen, die sich bereits seit Jahren formiert hatten, entfachten einen Sturm der Proteste. Die geschürten Konflikte kochten über. Die Gemüter erhitzten sich unter anderem durch den tobenden Vietnamkrieg, die Ablehnung bestehender Autoritäten. Der Ruf nach sexueller Freiheit und multikultureller Gleichstellung wurde laut.

Die Studentenrevolte, die in Frankreich ihren Ursprung nahm, erreichte zwar Österreich in wesentlich milderer Form. Sie machte aber vor dem Priesterseminar in Wien nicht Halt. Gläubige sahen sich plötzlich ganz unerhörten Meinungen gegenübergestellt und fürchteten eine Demokratisierung der Kirche. Die Gemüter entzündeten sich besonders an der so genannten Pillen-Enzyklika. In den Medien wurde der Heilige Vater als *„Pillen-Paul"* geschmäht.

Am 25. Juli 1968 hatte Papst Paul VI. gegen den Widerstand namhafter kirchlicher Kreise die Enzyklika *Humanae Vitae* veröffentlicht, die die Einnahme oder die Anwendung von Verhütungsmitteln für katholische Christen untersagte. Ehepaare sollten, wenn sie keine Kinder mehr bekommen wollten, entweder enthaltsam leben oder die unfruchtbaren Tage der Frau nutzen, um in verantworteter Elternschaft zu leben.

Im 14. Kapitel der Enzyklika wurde erklärt, dass jede Handlung der Eheleute verwerflich ist, die entweder in Voraussicht oder während des Vollzuges des ehelichen Aktes oder im Anschluss an ihn oder im Ablauf seiner natürlichen Wirkungen darauf abstellt, die Fortpflanzung zu verhindern, sei es als Mittel oder als Ziel. Eine Zusammenfassung findet sich im Katholischen Katechismus Nr. 2370.

Zwei Monate später reagierten die österreichischen Bischöfe, unter Vorsitz von Kardinal Franz König, mit der bis heute umstrittenen *Maria-Troster-Erklärung* auf diese Enzyklika. Sie forderten zwar die Gläubigen auf, alle chemischen Mittel zur Geburtenregelung zu unterlassen. Und auch Abtreibung und Sterilisation seien in jedem Fall zu verurteilen. Aber den Gebrauch der sogenannten *Anti-Baby-Pille* überließen sie der persönlichen Gewissensentscheidung der Eltern. Faktisch begann damals die Loskoppelung der Geschlechtlichkeit von der Fortpflanzung. Die Geburtenraten begannen dramatisch zu sinken. Sexualität wurde zu einem *„Spaß"* ohne Verantwortung.

Das Schiff der Kirche schwankte damals also merklich auf hoher See, als ich an einem heißen Augusttag des Jahres 1968 zusammen mit meinem Vater im Erzbischöflichen Priesterseminar meiner Heimatstadt ankam. Der Regens des Seminars, Prälat Franz Steiner, empfing uns in einem abgedunkelten Raum mit den Worten: *„Ja, ja, kommen Sie nur, wir haben eh schon ein paar Anmeldungen. Ich bin nicht mehr der Regens. Ich habe das Amt zurückgelegt. Der neue Regens, Peter Zehndorfer, beginnt eine neue Ära."*

Die Einführungswoche der 36 Neuanfänger fand in Schloss Wildegg in der Nähe von Sittendorf, unweit meiner heutigen Heimat Heiligenkreuz, statt. Ich hatte zuvor kein Priesterseminar oder ein sogenanntes Kleinseminar besucht, wo man sich schon auf das gemeinschaftliche und geistliche Leben hätte einstellen können. Ich war ein blutiger Anfänger, auch nie zuvor Ministrant oder Jungscharkind gewesen.

Der neue Regens Peter Zehndorfer, war sehr vital und wollte viel Schwung in das Priesterseminar bringen. Er war einer der neuen Priester, die von den Reformimpulsen des Zweiten Vatikanischen Konzils überzeugt waren, und wollte nun die neuen Formen und Inhalte uns Priesterkandidaten beibringen. *„Wir werden das schon schaffen"*, war eine seiner Redensarten.

Am letzten Tag der Einführungswoche machten wir Neulinge uns zu Fuß auf den Weg ins Stift Heiligenkreuz, übrigens dieselbe Strecke, die meine Mutter 18 Jahre zuvor mit mir im Bauch gegangen war. Dort wurden wir von *Pater Prior Walter Schücker* empfangen. Er führte uns durch das seit 1133 bestehende Stift. Damals konnte ich nicht ahnen, welche große Rolle einmal dieses Kloster und auch Pater Schücker in meinem Leben spielen würden. Heute denke ich, dass Gottes gütige Vorsehung mir hier schon ein erstes Zeichen gegeben hat.

Meine erste Begegnung mit dem Erzbischof von Wien, Franz Kardinal König, habe ich wegen eines peinlichen Momentes nicht in bester Erinnerung. Gleich zu Beginn unserer Zeit im Priesterseminar war der Kardinal zum Besuch der Kandidaten angemeldet. Als Ministrant war ich nun bei der Kardinalsmesse eingeteilt. Vor lauter Aufregung machte ich drei Kniebeugen vor dem Erzbischof. Später wurde ich dann von meinen Oberen darauf aufmerksam gemacht, dass eine Kniebeuge nur vor dem Allerheiligsten, aber nicht vor einem Bischof angebracht sei.

Als junger Priesterseminarist bezog ich nun mein Zimmer im dritten Stock des Wiener Priesterseminars in der Boltzmanngasse und trug einen schwarzen Talar. Da ich in der Schule kein Griechisch gehabt hatte, musste ich gleich mit dem Lernen dieser schwierigen alten Sprache beginnen. Parallel dazu galt es, sich im Seminarleben einzufinden. Täglich wurde gemeinsam die Heilige Messe gefeiert und zudem die Möglichkeit zur Beichte und Aussprache angeboten. Für mich noch eine ganz ungewohnte Seite des Alltagslebens.

Die Mitseminaristen waren allesamt angenehme Zeitgenossen, mit denen ich mich gut verstand. Doch ich bemerkte auch Unterschiede zu einigen von ihnen. Insbesondere bei der Frage, wie der geistliche Weg zu beschreiten sei, gab es unterschiedliche Auffassungen. Ich hatte mich letztlich bewusst und nach jahrelanger, reiflicher Überlegung dazu entschlossen, ins Priesterseminar zu gehen. Einige der Kandidaten waren aber schon mit zehn oder vierzehn Jahren von ihren Eltern in das vorbereitende Kleinseminar geschickt worden. Sie hatten also bereits vier oder acht Jahre Seminarleben hinter sich.

Diese „Profis" wussten alles, kannten sozusagen die Spielregeln. Doch bei einigen, fiel mir auf, war das Herz nicht so tief mit dieser neuen Lebensphase verbunden. Lag es daran, dass ihre Eltern ihnen den Weg in das Seminar vorgegeben hatten? Sie sich nicht selbst zum Eintritt entschlossen hatten? Manchmal sagten sie salopp: *„Früher waren die Regeln so streng, das ist heute nicht mehr so"*, und meinten damit die Lockerungen seit dem Zweiten Vatikanischen Konzil.

Was ich als große Werte empfand, das bagatellisierten manche Mitseminaristen. Das war mir sehr unangenehm. Man entschuldigte sich beispielsweise für das Fernbleiben von der täglichen Heiligen Messe mit der Begründung, dass man schließlich auch nicht immer zu einem Fest aufgelegt sei. Für mich war die Teilnahme am täglichen Gottesdienst die Quelle und der Höhepunkt meiner Existenz. Ich war mir ganz sicher, dass mein Leben schal und leer sein würde, wenn nicht einmal die Zeit für die Messe und das Gebet bliebe. Die Stille vor Gott war vielen im Seminar kein Anliegen mehr, ebenso wenig die Eucharistische Anbetung.

Unser Herr Jesus – das fiel mir besonders auf – war für viele Seminaristen ein **ES** und kein **DU**. Der Sohn Gottes wurde nicht wie ein Freund betrachtet, mit dem man gerne zusammenkommt. Als Krankenpräfekt im Seminar habe ich auch miterleben müssen, dass manche meinten, zum *„Krampus"* oder bei ähnlichen Gelegenheiten Feste feiern zu müssen. Manchmal wurden auch Mädchen eingeladen; es wurde viel zu viel Alkohol getrunken. Und ich hatte dann als Krankenpräfekt die Scherereien.

Das war sehr frustrierend für mich, weil diese jungen Männer doch wie ich auf dem Weg zum Priestertum sein wollten. Oder wollten sie es vielleicht doch nicht wirklich?! In meiner Seminarzeit habe ich durchaus Enttäuschungen durch menschliche Begrenztheiten und Sündhaftigkeiten erlebt. Schlussendlich empfingen von den 36 Kandidaten, die mit mir ins Priesterseminar eingetreten waren, nur elf die Priesterweihe.

Auf den Spuren Jesu im Heiligen Land

Aufgrund meiner guten Prüfungsergebnisse an der Universität Wien erhielt ich ein Begabtenstipendium. Damit konnte ich meine bis heute spannendste Israel-Reise finanzieren. Gemeinsam mit Priesterstudenten der Phil.-Theol. Hochschule St. Pölten flog ich für drei Wochen über Ostern 1972 nach Israel. Wir wohnten in der *Maison d'Abraham* in Jerusalem und wurden durch den französischen Pater Gelin durch das Heilige Land geführt.

Gleich in der ersten Woche durften wir das jüdische Paschafest miterleben; dann folgte das christliche und in der Woche darauf das orthodoxe Osterfest. Bewegend und ergreifend, diese drei Feste mitzuerleben, so unterschiedlich in ihrer Form, doch trotz verschiedener Tradition mit gemeinsamen spirituellen Inhalten.

Pater Gelin führte unsere Gruppe fast überall zu Fuß hin. So stapften wir durch die Wadis, die ausgetrockneten Flusstäler. Wir begegneten der einheimischen Bevölkerung ganz anders als die abgeschirmten Autobustouristen. Unser Pater vermittelte uns durch seine freundliche Art auch viele Kontakte zur arabischen Bevölkerung, die uns sonst wahrscheinlich verwehrt geblieben wären. Die Sicherheitsmauer, die seit 2003 zwischen dem israelischen Kernland und dem Westjordanland auf etwa 760 Kilometern verläuft, war ja damals noch nicht gebaut, sodass wir uns im ursprünglichen Israel relativ frei bewegen konnten.

Unter den Mitreisenden waren auch Walter Mick, heute Ordinariatskanzler der Erzdiözese Wien, und Karl Trapp, der mittlerweile seit über 30 Jahren als Missionar in Ecuador arbeitet. Abenteuerlustig, wie junge Männer vielfach nun einmal sind, beschlossen Karl und ich, durch den berühmten Hiskia-Tunnel zu gehen. Der Tunnel führt das Wasser der Gihon-Quelle, des Ortes, wo vor 3000 Jahren Salomo, der Sohn König Davids, zum König gesalbt wurde (1 Kön 1,38–39). Von uns Christen wird diese Quelle auch *Marienquelle* genannt.

In den 1970er Jahren war der untere Eingang zum Tunnel noch mit einem Maschendrahtzaun verschlossen, sodass man eigentlich nicht hineinkommen konnte. Abenteuerlustig und vorsichtig bogen wir beide den Draht zur Seite, um in das Tunnelloch hineinzuschlüpfen. Wir krempelten unsere Hosenbeine hoch und verschwanden in der Dunkelheit. Aber nun stieg das Wasser immer höher. Was tun?

Wie Pioniere tasteten wir uns im Finsteren weiter nach oben. Ohne Taschenlampen war das in dem schmalen Tunnel ein echtes Abenteuer. Der Tunnel windet sich schlangenförmig über 533 Meter nach oben. Seine Höhe variiert zwischen eineinhalb und fünf Metern.

Nur das Echo unserer Stimmen, das von den harten Steinwänden reflektiert wurde, verriet uns, ob wir aufrecht gehen konnten oder uns ducken mussten.

Wir kamen nur langsam voran. Uns war teilweise ziemlich unbehaglich zumute. Und heilfroh waren wir, dass wir uns gegenseitig hatten. Schließlich wurde es langsam wieder lichter. Wir konnten den Ausgang erahnen. Als wir zwei Burschen schließlich aus dem Tunnel herausgeklettert kamen, staunten die arabischen Kinder nicht schlecht, die dort am oberen Ausgang des Tunnels gerade spielten.

Erst 2004 wurde übrigens an diesem Ausgang des Hiskia-Tunnels von israelischen Archäologen der biblische Siloah-Teich wiederentdeckt, wo Jesus vor 2000 Jahren einen Blindgeborenen geheilt hatte (Joh 9,79). Und erst im Jahr 2008 entdeckten Archäologen dort eine antike Stufenanlage, die direkt vom Siloah-Teich zum heiligen Tempelberg führte, der bekanntlich von Juden und Moslems gleichermaßen hoch verehrt wird.

Im Heiligen Land zu sein, dort zu wandern, an den Originalorten zu leben, wo sich die in der Bibel berichteten Geschehnisse abgespielt haben, war für mich ungeheuer faszinierend. Alles war so, als ob man einen Zeitsprung gemacht hätte. Das prägt mich bis heute. So erlebten wir auch die große Prozession am Palmsonntag mit. Sie führte den Ölberg hinab, durch das Löwentor in Richtung St. Anna-Kirche an den Betesda-

Teichen. Wie vor 2000 Jahren hielten die Menschen richtige Palmzweige in den Händen. Ein echter Esel wurde mitgeführt, um an das Tier zu erinnern, auf dem Jesus einst in Jerusalem eingeritten war.

Die Ordnung, die man hierzulande bei Palmsonntagsprozessionen gewohnt ist, existierte in Jerusalem natürlich nicht. Die Kinder liefen wie wild durch die Straßen, kreuzten den Weg der Prozession, einige Menschen riefen und andere sangen. Eine kleine Musikkapelle spielte orientalische Klänge, Priester beteten und einige riefen: Hosanna!

In den letzten 2000 Jahren hat sich wahrscheinlich gar nicht so viel verändert, denke ich heute. Die einen rufen dem Erlöser gläubig ein *Hosanna* zu, die anderen sind skeptisch, und die dritten sind völlig unbeteiligt. Es gibt wahrscheinlich keinen spannenderen Ort auf der Welt als das Heilige Land, wenn man religiöse Erfahrungen sammeln will.

Einmal gingen Walter und ich durch eine arabische Siedlung im Kidrontal, um zu unserer Unterkunft in der Maison d'Abraham zurückzukehren. Wir wollten uns einen mühsamen Umweg ersparen, doch das war keine gute Idee. Hinter uns vernahmen wir immer lauter werdende, ärgerliche Stimmen, die *„vagan, vagan!* *Steinigung, Steinigung!"*, riefen. Wir beeilten uns also, so schnell wie möglich aus dem Viertel herauszukommen. Eine ungemütliche Angelegenheit. In Jerusalem prallen die drei Weltreligionen und völlig verschiedene Kulturen und Mentalitäten aufeinander. So muss man auf der Hut sein, weil es schnell lebensgefährlich werden kann.

Auf dem Ölberg, der aus dem Kidrontal aufsteigt, lag unweit von unserer Unterkunft das orthodoxe *Himmelfahrtskloster*. Hier lebten russische Schwestern. Ich beschloss, morgens in der Frühe aufzustehen, um dem Chorgebet beizuwohnen, wusste aber nicht, ob und wann es stattfinden würde. Doch meine Hoffnung wurde nicht enttäuscht.

Mein Vater hatte zuhause immer wieder einige Lieder auf Russisch gesungen; so war mir der Klang dieser Lieder vertraut und sozusagen ein himmlischer Gesang. In diesen melancholischen und doch so glaubensstarken Liedern kann die Not eines ganzen Landes zum Ausdruck kommen, so auch die hier so spürbare Not dieses Heiligen Landes. Als ich gegen halb sechs Uhr am Morgen wieder in Richtung meines Quartiers aufbrach, ging die Sonne gerade über Jerusalem auf. Was für ein himmlisches Zeichen!

Als Jesus wenige Tage vor seiner Kreuzigung und Auferstehung von diesem Ort auf dem Ölberg auf Jerusalem herabblickte, musste er weinen und sagte:

„Wenn doch auch du an diesem Tag erkannt hättest, was dir Frieden bringt. Jetzt aber bleibt es vor deinen Augen verborgen. Es wird eine Zeit für dich kommen, in der

deine Feinde rings um dich einen Wall aufwerfen, dich einschließen und von allen Seiten bedrängen. Sie werden dich und deine Kinder zerschmettern und keinen Stein auf dem andern lassen; denn du hast die Zeit der Gnade nicht erkannt." (Lk 19,41–43)

Plötzlich beginnen solche biblischen Worte zu leben, wenn man dort in der Kapelle *Dominus Flevit* (lateinisch: Der Herr weinte) steht, an derselben Stätte wie einst Jesus. Schließlich ist genau das eingetreten, was Jesus in diesen überlieferten Worten prophetisch voraussagte. Etwa 40 Jahre später rückten tatsächlich römische Truppen mit mehreren Legionen an, warfen einen großen Wall auf, belagerten Jerusalem drei Jahre lang, zerstörten die Stadt 70 n. Chr. und richteten ein furchtbares Blutbad unter der Bevölkerung an.

Auch mir stiegen beim Anblick der Stadt Tränen in die Augen. Ich dachte an die vielen Völker, Religionen, Stämme, Hautfarben, Schichten und Gruppierungen, die dort aufeinander treffen. Wir beten für Jerusalem um Frieden, aber dieser scheint so schwer erreichbar zu sein. Jede der drei monotheistischen Religionen – Juden, Christen und Moslems – wartet auf ein Endgericht. Genau das ist hier erfahrbar und spürbar. Bei der Wiederkunft des Herrn zum Gericht werden wir uns alle begegnen, in Jerusalem...

Israel 2008 – Brückenbauer im Heiligen Land

36 Jahre nach dieser ersten Israel-Reise durfte ich das Heilige Land im Februar 2008 wiedersehen. Wie sehr aber hatte es sich verändert! Die Sicherheitsmauer zwischen dem israelischen Kernland und dem Westjordanland war in der Zwischenzeit errichtet worden, um die Anschläge und die damit verbundenen Opferzahlen zu reduzieren. Sicher ein gewisser Erfolg, dennoch werden die Mauer und die damit so offenkundige Trennung der Menschen eines Landes als fürchterlich empfunden.

In Bethlehem, das heute hinter der Sicherheitsmauer auf dem Gebiet der palästinensischen Autonomiebehörde liegt, besuchten wir das Karmelitinnen-Kloster, in dem die bekannte Nonne und Mystikerin, die selige *Mirjam von Abellin* (1846–1878), begraben ist. Sie war eine Araberin, die in einer Vision sah, wo König David einst die Schafe seines Vaters geweidet hatte.

So steht das heutige Kloster, das auf ihr Drängen hin 1875 errichtet wurde, am legendären Davidshügel. Hier lebt heute nur eine Handvoll Schwestern, zusammengewürfelt aus verschiedenen Ländern und Kulturen, und betet um Frieden in diesem zerrütteten Land – Frieden auf politischer und religiöser Ebene, Frieden für die Welt.

Die Priorin des Karmels lud uns in die Kapelle ein, wo wir zum Gebet niederknieten. Sie hatte den weißen Chormantel der seligen Mirjam mitgebracht und legte ihn jedem, der wollte, um. Als ich an der Reihe war, durchfuhr mich etwas, das stärker war als ein Gefühl; es war eine existentielle Erfahrung und mein Innerstes schrie förmlich: *„Ich bin nichts und Gott ist alles."* Die Priorin fragte mich auf Französisch, was ich empfinde: *„Qu'est-ce que vous pensez?"* Ich wiederholte die Worte, die ich im Inneren gehört hatte: *„Je ne suis pas que le petit rien. Ich bin nur ein ganz kleines Nichts."*

Genau das war es, was auch Schwester Mirjam einst gesagt hatte, was ich aber nicht wusste. Ich war tief bewegt. Dies war eine Urerfahrung für mich, da ich dies im Grunde bereits tief in mir als Wahrheit spürte, aber jetzt neu verstand: Gott ist alles, er macht alles. Er verwendet uns, wenn wir uns völlig zur Verfügung stellen und ihm unser Leben übergeben.

In Abellin, dem ursprünglichen Heimatort der seligen Mirjam in der Nähe von Haifa, lebte damals der griechisch-katholische Erzbischof von Akko, Haifa, Nazareth und Galiläa. Er bemühte sich als Brückenbauer zwischen Juden, Christen und Muslimen im Heiligen Land. Vor über vierzig Jahren, als er der Pfarrer der St. Georges-Kirche in Abellin wurde, erkannte er, dass es für die Zukunft der Menschen seines Ortes und für die Bevölkerung ganz Israels essentiell sein würde, jungen Menschen ein gutes Verständnis von Frieden, Versöhnung, Respekt und Gerechtigkeit zu vermitteln.

So gründete er 1981 eine Schule, deren Schülerzahl sich über die Jahre von ein paar Dutzend auf mehrere Tausend steigerte. Mittlerweile gehören auch ein Kindergarten und eine universitäre Einrichtung zu dem Komplex des *Mar Elias-Projektes*. Im Jahr 1990, als sich das Projekt noch in der Aufbauphase befand und *Elias Chacour* eine Baugenehmigung für einen Teil des Gebäudekomplexes brauchte, kam ihm in einer schlaflosen Nacht der Gedanke, in die USA zu reisen. Dort wollte er den damaligen Außenminister, James Baker, aufsuchen und ihn um Unterstützung bitten.

Ohne seinen Besuch in den USA irgendwie anzukündigen, besorgte er sich sein Ticket und flog nach Washington, ging zielstrebig zur Residenz des Außenministers, läutete und niemand Geringerer als die Frau des Ministers, *Susan Baker*, öffnete ihm. Sie fragte den Fremden, ob er einen Termin bei ihrem Mann habe, doch Chacour antwortete: *„Wir Männer aus Galiläa machen keine Termine, wir pflegen zu erscheinen."* Als Susan Baker sah, dass ihr Versuch, den sonderbaren Besucher abzuwimmeln, scheiterte, lud sie den Bischof in ihre Bibelrunde ein, die gerade in ihrem Wohnzimmer tagte.

Wenige Minuten später erklärte Chacour den Damen der Bibelrunde im Wohnzimmer die Seligpreisungen, versehen mit Detailkenntnissen aus dem Heiligen Land. So wurde der Fremde zum Gast, der Gast zum Freund und, wie erhofft, folgte die Intervention des amerikanischen Außenministers bei der israelischen Regierung. Auch der israelische Präsident und Friedensnobelpreisträger *Shimon Peres* würdigte später das *Mar Elias-Projekt*. Er wollte den Ort sehen, um den das amerikanische Außenministerium so viel Wind gemacht hatte, sagte er.

Vor Ort angekommen, sahen wir uns das Projekt der *Mar Elias School* an, wo heute Moslems, Christen und Juden miteinander lernen können. Die Kinder hatten gerade Pause. Ein paar Jungen spielten Fußball, einige Mädchen saßen auf einer Mauer und schminkten sich gegenseitig die Lippen – eine Szene wie auf einem gewöhnlichen Schulhof. Es schien, als könnten die religiösen Barrieren im Kindesalter besser überwunden werden als bei den Erwachsenen. Wir sahen ungezwungene, lebendige Kontakte zwischen den Kindern.

Die *Grabeskirche* in Jerusalem, ein heiliger Ort der ganzen Christenheit, wo die Kreuzigung und Auferstehung Jesu verehrt wird, erlebte ich ambivalent. Diese große und sehr alte Kirche ist über dem Hügel Golgatha, wo Jesus gekreuzigt wurde, und über dem Felsengrab, wo er nach drei Tagen auferstand, erbaut worden.

Die Zuständigkeit für die Grabeskirche, die man eigentlich besser Auferstehungskirche nennen könnte, ist heute auf sechs christliche Konfessionen verteilt: die griechisch-orthodoxe, die armenisch-apostolische, die römisch-katholische (vertreten durch die Franziskaner) und seit dem 19. Jahrhundert auch die koptische Kirche Ägyptens und die syrisch-orthodoxe Kirche von Antiochien sowie die äthiopisch-orthodoxe Kirche.

Im Inneren der Kirche ist alles strikt aufgeteilt, der sogenannte *Status Quo* von 1852 sollte eigentlich Frieden in die konfessionellen Platzkämpfe bringen. Doch es scheint so, als habe die Aufteilung die Zwistigkeiten in Stein gemeißelt. Hier kann nicht das Geringste verändert werden, ohne mit einer anderen Konfession ins Gehege zu kommen. Daher griff man im Laufe der Geschichte auch immer wieder auf Moslems und Juden als Streitschlichter zurück. Die Schlüssel zur Grabeskirche werden schon seit 800 Jahren von zwei muslimischen Familien verwaltet.

Ob die Grabeskirche ein Sinnbild für die Zerstreutheit der Christen dieser Welt ist, lasse ich dahingestellt. Wir gingen auf den Berg Golgatha im Inneren der Kirche hinauf und beteten dort. Als wir dann die Treppen vom Kreuzigungshügel wieder hinunter zu der Stelle kamen, wo Jesus einst im Felsengrab gelegen hatte, bereitete sich gerade ein syrischer-orthodoxer Mönch auf sein Gebet vor. Am Kopfende des steinernen Sockels, wo Jesus im Grab gelegen hatte, war der Mönch ins Gebet vertieft. Er feierte andächtig und offenbar glücklich die Auferstehung Jesu an seinem kleinen Altar, so deutete ich seinen Gesichtsausdruck. Für ihn war dort der Himmel auf Erden.

Wer Israel bereist, darf auch den See Gennesaret, im Norden des Landes gelegen, nicht versäumen. Dort hat Jesus die meiste Zeit seiner Pilgerschaft verbracht, die meisten der 12 Apostel berufen. *Kafarnaum, Betsaida, Magdala, Tiberias* – alles berühmte Orte, wo Jesus Wunder wirkte oder predigte.

Und es ist herrlich, die eigenen Füße in das kühle Wasser des Sees zu tauchen, an dem Jesus gewirkt hat. Früh am Morgen ging ich bloßfüßig am Ufer des Sees spazieren, krempelte die Hosenbeine in die Höhe und hob den Habit ein wenig an, damit er nicht nass werde. Plötzlich tauchte ein zweites Paar Füße neben mir auf. *Alexander Pachter* aus unserer Reisegruppe war auf die gleiche Idee gekommen.

So flanierten wir gemeinsam am Ufer entlang. Ich sah den Freund an und sagte leicht lächelnd: *„Was ist, gehen wir jetzt* über das Wasser *hinüber?"* In diesem Moment fühlte es sich so nah, realistisch und durchaus möglich an, dass der Herr jederzeit wiederkommen könnte – wandelnd wie einst über das Wasser des Sees von Galiläa.

Maria rief mich nach Heiligenkreuz!

Wie aufgewühlt die Stimmung gegen Priester und Kirche Anfang der 1970er Jahre in Wien war, kann man sich heute kaum noch vorstellen. Eines Tages zog ein Tross von sozialistischen Studenten an unserem Priesterseminar in Richtung Rathaus vorbei. Ich stand in meiner schwarzen Soutane gerade auf der Straße vor dem Gebäude, ein aufgebrachter Passant spukte mir vor die Füße und rief mir scharf zu: *„Ihr Pfaffen gehört auf den Gaslaternen aufgehängt."* Dann zog er weiter zur Siegesfeier.

Die Rufe nach einem „Recht" der Frauen, ihre ungeborenen Kinder abtreiben zu dürfen, wurden so laut wie nie zuvor. Das „Selbstbestimmungsrecht" der Frau sollte über dem Recht des Kindes auf Leben stehen. Gleichzeitig schlich die Säkularisierung, die Verweltlichung der Kirche, auf leisen Pfoten in immer zentralere Gebiete vor. Alles geistliche Leben sollte auf einmal nicht mehr so wichtig sein. Auch in der Öffentlichkeit, so hieß es bei uns kircheninterm, solle man jegliche „Provokation", wie zum Beispiel eine zu papsttreue Gesinnung oder das öffentliche Tragen eines geistlichen Gewandes und andere Formen des Zeugnisses für Jesus Christus, vermeiden. Anpassung an den Zeitgeist war das Programm!

Aber es gab auch schöne Begegnungen in dieser Zeit. Von Fenster zu Fenster konnte ich öfter *József Kardinal Mindszenty* beobachten, der im *Pazmaneum* wohnte und seine Memoiren schrieb. Manchmal durfte ich auch bei seiner Bischofsmesse ministrieren, die er in unserer Seminarkirche zelebrierte. Der Kardinal war im März 1971 von Budapest nach Wien gekommen. Im Zweiten Weltkrieg hatte er sich gegen die Gräueltaten und Ungerechtigkeiten des Nazi-Regimes aufgelehnt und war mit 26 Priestern verhaftet worden. Erst als die Rote Armee Westungarn erobert hatte, wurden alle Geistlichen befreit.

Danach ging jedoch die Verfolgung der Priester weiter. Weil József Mindszenty schon damals ein Gegner der kommunistischen Weltanschauung war, wurde er im Februar 1949 in einem Schauprozess wegen vermeintlich geplantem Umsturz, Spionage und Devisenvergehen angeklagt. Die Schuldgeständnisse, die man als Beweise vorgelegt hatte, waren ihm unter Folter und Drogeneinfluss abgepresst worden. *Lebenslange Haft* lautete das Urteil.

Sieben Jahre später wurde der Kardinal im Zuge des ungarischen Volksaufstandes gegen das Sowjetregime aus dem Gefängnis befreit und floh nach dem Einmarsch der Roten Armee in die US-Botschaft in Budapest, wo er Asyl erhielt. Ab 1963 besuchte ihn dort auch regelmäßig der Erzbischof von Wien, Kardinal Franz König.

Obwohl Kardinal Mindszenty Ungarn nicht verlassen wollte, beugte er sich dem Geheiß des Papstes und siedelte nach Wien ins Exil über. Von dort aus besuchte er die auf verschiedenen Kontinenten lebenden Ungarn, die ihr Heimatland unfreiwillig hatten verlassen müssen. Seine Memoiren übergab er dann im Juli 1973 Papst Paul VI., der zwar einige Bedenken äußerte, aber keine weiteren Konsequenzen zog.

Erinnerungen (1974) lautete der einfache Titel des Buches, das dann aber auch innerhalb der Kirche hohe Wellen schlug. Denn der Kardinal äußerte Kritik an der nachlässigen Politik des Vatikans gegenüber dem Kommunismus. Infolge dieser Veröffentlichung drängte Papst Paul VI. den Kardinal zum Rücktritt als Erzbischof von Budapest.

Mindszenty wehrte sich gegen das päpstliche Ansinnen, wurde aber dennoch aus pastoralen Gründen seines Amtes enthoben und sein Bischofssitz für vakant erklärt. Seine Rehabilitation, die Aufhebung aller Urteile gegen ihn, erlebte der Kardinal nicht mehr, weil er vorher starb. Seine vorletzte Ruhestätte fand er in der Basilika von Mariazell.

Seinem testamentarischen Wunsch entsprechend wurde er also nach Abzug der sowjetischen Besatzungstruppen (*„wenn der Stern der Moskauer Gottlosigkeit vom Himmel Mariens und des heiligen Stephanus fällt"*) von Mariazell nach Ungarn in die Krypta des Doms von *Esztergom* überführt. Auf seinem Grabstein stehen die Worte: *„Vita humiliavit – mors exaltavit. Das Leben erniedrigt, der Tod aber erhöht"*, so lautete das Glaubensmotto dieser beeindruckenden Persönlichkeit. Geduldig hatte der Kardinal das ihm auferlegte Leiden ertragen – ebenso wie viele andere Christen im 20. Jahrhundert, die von den verschiedenen totalitären Regimen millionenfach verfolgt und ermordet wurden.

Peter Zehndorfer, der Regens unseres Priesterseminares, der ja stets seine modernen Ansichten betont hatte, ja, in einer veritablen „Nachkonzilseuphorie" geschwommen war, wie man es heute rückblickend sagen kann, verließ übrigens schon Ende des Sommersemesters 1971 unser Seminar. Er wurde laisiert und heiratete, was einigen von uns Seminaristen lange wie ein Schock in den Gliedern saß.

Das sollte aber nicht der einzige Fall in meiner Seminarzeit bleiben. Auch der Subregens *Helmut Spirk* und der Musikpräfekt *Helmut Leeb* schieden ebenso aus dem Priesteramt aus wie der Dekan der Theologischen Fakultät Wien, Professor *Hubertus Mynarek.* Letzterer machte sogar in einem offenen Brief an Papst Paul VI. seinem Ärger über den Zölibat Luft und forderte die Demokratisierung der Kirche. Schließlich trat er sogar aus der Kirche aus.

Zum neuen Regens unseres Seminars wurde *Josef Tóth*, ein Priester aus Westungarn und bislang Hochschulseelsorger, ernannt. Er blieb nicht nur bis 1989 in diesem Amt, sondern konnte auch nach der krisengeschüttelten Periode unter Zehndorfer das Vertrauen der Seminaristen und Studenten wiedergewinnen. So war es auch für mich leicht, ihm vertrauensvoll meine Überlegung mitzuteilen, ins Kloster zu gehen.

Auf die Frage nach den Gründen entgegnete ich zunächst, dass mich Mönche aus dem Stift Heiligenkreuz anlässlich eines Hochschul-Skikurses eingeladen hatten, dort eine Woche probeweise zu verbringen. Dann aber sei bei der Komplet in Heiligenkreuz, dem letzten Tagesgebet der Mönche, beim feierlichen Gesang des *Salve Regina* etwas Entscheidendes passiert. Ich hörte eine Stimme, die zu mir sagte: *„Da gehörst du her. Du bist Zisterzienser."* Dieses Mal kam der Ruf von der Gottesmutter – im Gegensatz zu dem Ruf bei meiner Firmung, bei der es wohl die Stimme des Herrn war.

Auf dem Heimweg über die kurvige Landstraße nach Wien musste ich in dem kleinen Ort Hinterbrühl den alten ausgeborgten Mercedes meiner Mutter erst einmal anhalten. Es war mir unmöglich weiterzufahren. So überwältigt war ich von dieser Stimme der Mutter Gottes, die ich da bei der Komplet gehört hatte. Ich konnte die Tränen nicht mehr zurückhalten. Ich wollte einfach wieder nach Heiligenkreuz zurück. Andererseits erwartete man mich im Wiener Priesterseminar und ich wusste auch, dass mein Zimmer in Heiligenkreuz schon wieder von einem neuen Gast belegt worden war.

Als meine Mutter mich zuhause in Empfang nahm, stellte sie fest: „*Mit dir ist etwas geschehen!*" Jahre später erzählte sie mir, dass sie gespürt habe, dass da „*etwas eingeschlagen*" habe. So wie ihr mütterlicher Instinkt eines Tages untrüglich erkannte, dass ihr Sohn Karl die Frau fürs Leben gefunden hatte, so fühlte sie offenbar auch bei mir die Gewissheit, dass ich nun wusste, wo mein Platz ist, mich ein Lichtstrahl Gottes getroffen hatte.

Diese Gewissheit machte meiner Mutter das Leben nicht unbedingt leichter. Sie hatte sich zwar bereits mit dem Gedanken angefreundet, dass ihr Sohn einmal als priesterlicher Religionslehrer arbeiten würde, hatte aber gehofft, dass er gegebenenfalls weiter zuhause wohnen würde. Der Gedanke aber, ihn an ein Kloster „zu verlieren", war hart für sie. Sie ahnte, dass unser Haus in Leopoldsdorf nie so voll mit Enkelkindern werden würde, wie sie es sich in ihren Vorstellungen ausgemalt hatte. Die Familie würde wohl auch nicht so leicht zu Sonntagsbesuchen zusammenfinden können, wie erhofft. Erst mit der Zeit sollten auch diese Gedanken weichen.

Dabei war meine eigene Entscheidung zu diesem Zeitpunkt noch gar nicht richtig gefallen. Ich entschied mich zunächst einmal, an dreißigtägigen Schweige-Exerzitien in der Schweiz teilzunehmen, um selbst eine größere Gewissheit für meine Wahl der Lebensform zu finden. Am Ende der dritten Woche trat ich an meinen geistlichen Begleiter, *Pater Kaiser SJ*, heran und offenbarte ihm meinen Wunsch, Zisterzienser im Stift Heiligenkreuz zu werden. *„Dann gehen Sie hin!"*, gab er mir ohne Umschweife zur Antwort. *„Sie haben geprüft, die Wahl ist getroffen. Folgen Sie der höheren Berufung!"*

Man sieht, wie unkompliziert manchmal die Dinge in Gottes Reich sein können, denke ich heute und kann mir ein Lachen nicht verkneifen. Am angesetzten Bergwanderungstag unserer Exerzitien machten wir uns auf den Weg zur Kapelle des Landespatrons der Schweiz, des heiligen Niklaus von der Flüe. Wegen eines Gewitters suchten wir Wanderer Schutz in der Marienkapelle in Ranft. Als ich dort ganz frei in der Kapelle stand, löste sich alle Last auf, die auf meinen Schultern gelegen hatte. Ich konnte alles loslassen. So wie der heilige Niklaus zu Gott gebetet hatte, konnte ich nun in meinen Herzen sagen:

„Mein Herr und mein Gott. Nimm alles von mir, was mich hindert zu Dir.

Mein Herr und mein Gott. Gib alles mir, was mich fördert zu Dir.

Mein Herr und mein Gott. Nimm mich mir und gib mich ganz zu eigen Dir: Amen."

Nach meiner Rückkehr aus der Schweiz teilte ich dann meinen Eltern den festen Entschluss mit, nach Heiligenkreuz gehen zu wollen. Ich absolvierte mein letztes Studienjahr in Wien. Zu meiner Überraschung wurde ich zu Kardinal König zitiert, der sagte: *„Ich habe gehört, Sie haben den Wunsch, ins Kloster zu gehen. Ja, folgen Sie, das ist eine höhere Berufung."* Ich war so dankbar, dass der Kardinal so schöne und klare Worte für meine Situation gefunden hatte.

Auch Erzbischof-Koadjutor Franz Jachym, Generalvikar der Erzdiözese Wien, freute sich über die positive Nachricht von einem Priesterkandidaten, der entschlossen war, seiner Ordensberufung zu folgen. Hatte er doch in letzter Zeit oft mit der Laisierung von Priestern und einer generellen Unruhe in kirchlichen Kreisen zu kämpfen gehabt. Bestätigt von meinen Oberen, war ich nun gewiss, dass diese Worte Mariens, die mich nach Heiligenkreuz riefen, keine Einbildung, sondern ein echter Ruf waren, dem ich folgen wollte.

Meine neue Waffenrüstung

Die Einkleidung der Neuen, genannt Novizen, findet im Stift Heiligenkreuz immer am höchsten Fest unseres Ordens, am Tag des Patroziniums, statt: Alle Zisterzienserklöster sind der in den Himmel aufgenommenen Gottesmutter Maria geweiht. So wurden zu Maria Himmelfahrt 1972, also am 15. August, drei Novizen – Robert Beigl, Andreas Rolli und ich – in Heiligenkreuz aufgenommen. Da die Einkleidung eine klosterinterne Angelegenheit ist, wird sie nicht in der Abteikirche, sondern im Kapitelsaal vorgenommen.

So betrat ich den Kapitelsaal, der im Heiligenkreuzer Kreuzgang gelegen ist, angezogen mit meinem Maturaanzug. Vor mir der hölzerne „Thron" des Abtes, ausgerichtet gen Osten, der Prior zu seiner Rechten, der Subprior zu seiner Linken. Heute – 40 Jahre später – sitze ich dort. Damals aber lag ich auf dem Boden vor den Oberen, wie es bei der Einkleidung üblich ist.

Eingekleidet werden die Novizen mit einem weißen *Habit* (einem knöchellangen Mönchsgewand) und in ein weißes *Skapulier* (einem breiten Stoffstreifen vorne und hinten). Das *Zingulum* (ein Gürtel) bindet das Kleid zusammen. Ein weißer Übermantel namens *Pallium* wird zum Chorgebet angelegt.

Die Zeremonie der Einkleidung hat ihren biblischen Hintergrund in einem Brief des Apostels Paulus an die Kirche in Ephesus (Eph 4,22–24). Dort fordert der heilige Paulus alle auf, die Christus folgen wollen, den alten Menschen abzulegen und einen neuen Menschen anzuziehen. Dieser Neubeginn stellt für viele auch eine Tauferneuerung dar, mit der also ein neuer Lebensabschnitt eingeleitet wird, eben mit neuem Gewand und neuem Namen.

So auch für mich. Durch das neue Ordensgewand änderte sich mein Habitus. Wenn man ein neues Gewand trägt, noch dazu ein langes, dann wandelt sich vieles. Schon beim Anziehen in der Früh bin ich ein anderer. Es geschieht ein Hineinwachsen in eine neue Lebensform – oder wie es beim heiligen Benedikt heißt, es vollzieht sich ein *„klösterlicher Lebenswandel"*, eine innere Umkehr (lat. conversio).

Eine zweite Deutung dieser Einkleidung gibt der heilige Paulus, indem er von einer geistlichen Waffenrüstung spricht, die der Apostel in seinem Brief an die Kirche in Ephesus beschreibt. Diese Rüstung besteht für Christen aus dem *Helm des Heiles, dem Panzer der Gerechtigkeit, dem Gürtel der Wahrheit, dem Schwert des Wortes Gottes und den Schuhen mit der Bereitschaft, das Evangelium zu verkünden* (vgl. Eph 6,10–20). Dementsprechend gilt bei uns Mönchen die Kapuze sinnbildlich als Helm des Heils, das Gewand als Panzer der Gerechtigkeit und das Zingulum als unser Gürtel der Wahrheit. Neue

Schuhe erhalten wir bei der Einkleidung zwar nicht, aber sie symbolisieren unsere Bereitschaft mit dem Wort Gottes als Schwert zu den Menschen zu gehen.

Zum Schluss der Feier der Einkleidung erhalten die Novizen einen neuen Namen. Heute dürfen die Novizen drei Namen vorschlagen. Sie sagen dem Abt auch, welchen Namen sie mit welcher Begründung gerne tragen würden. Dem Abt ist aber die endgültige Entscheidung über einen Namen überlassen, wobei er auch einen Namen wählen kann, der noch nicht vorgeschlagen wurde. Beispielsweise ist es gang und gäbe, dass der erste Novize eines neugewählten Abtes nach ihm benannt wird.

Bei mir war dies insofern noch etwas spannender, als der Abt die Namenswahl alleine traf. Der damalige Novizenmeister und spätere Abt von Heiligenkreuz, Gerhard Hradil, ließ im Vorfeld allerdings die Bemerkung fallen, dass gerade ein Pater Bernhard Ulrich verstorben und der Name dadurch frei sei. Der Mönch hatte lange in Heiligenkreuz gelebt und als beliebter Beichtvater im Neukloster in Wiener Neustadt fungiert. Allerlei skurrile Geschichten wurden von ihm erzählt. Einmal soll ihm von einigen Damen, die regelmäßig zur Beichte kamen, anlässlich seines Namenstags eine Torte in den Beichtstuhl gestellt worden sein. Nichtsahnend nahm der Pater im dunklen Beichtstuhl Platz und bemerkte prompt das Missgeschick.

Der Name Bernhard hat im Zisterzienserorden natürlich eine besonders hohe Bedeutung. Einer unserer wichtigsten Gründerväter, der heilige Bernhard von Clairvaux, trat unter Abt Stephan Harding 1112 mit dreißig seiner Gefährten in das Kloster Cîteaux in Frankreich ein. Bis zu seinem Tod vierzig Jahre später war er an der Gründung von über 300 Klöstern in ganz Europa beteiligt, darunter auch Heiligenkreuz. Nicht nur die durch ihn ausgelöste Blüte des Ordens ist so bemerkenswert, sondern auch seine bis heute wirksame spirituelle Kraft und Weisheit, die viele Menschen beseelt.

So lag der Name Bernhard als Ordensname bei meiner Einkleidung gleichsam in der Luft und kam nicht gänzlich ohne Vorwarnung auf mich zu. Ich fand den Namen von Beginn an sehr schön, befasste mich mit der Vita des Heiligen und identifizierte mich im Lauf der Jahre immer stärker mit dem Namen und der Person unseres Ordensmitgründers. Ich las viel über meinen Namenpatron, verfasste meine Lizenziats- und später auch meine Doktoratsarbeit über den heiligen Bernhard. Um es kurz zu sagen: Ich habe den Namen *Bernhard* gerne und mit Freude angenommen und bis heute gerne und mit Freude getragen.

Da ein Ordensname in einem Kloster nur einmal vergeben werden kann, kommt es zuweilen zu Problemen, beispielsweise wenn ein Bruder aus einem anderen Kloster mit einem schon vorhandenen Namen eintritt.

Bei einer solchen Namensgleichheit wird dem neuen Bruder ein Zweitname hinzugefügt. Dies kann insbesondere bei den Namen *Robert*, *Alberich* und *Stephan* häufiger passieren, da dies die drei ersten Äbte von Cîteaux waren, die alle drei heiliggesprochen wurden.

Ein wenig verwundert war ich allerdings, als auch meine Mutter mich bald *Bernhard* zu nennen begann. Für Eltern ist es ja gewöhnlich sehr schwierig, sie brauchen lange, bis sie sich an den neuen Namen ihrer Kinder gewöhnen können. Fast unbewusst verwenden sie den alten Namen, den sie ihrem Kind bei der Geburt einmal gegeben haben, wie ich bei den Eltern vieler Mitbrüder beobachten konnte.

Doch meine Mutter verabschiedete sich recht rasch von meinem Ursprungsnamen *Johann,* der ohnehin in der Familie schon viel Verwirrung gestiftet hatte, denn diesen Namen trugen gleich drei Personen: ihr Mann, ihr Sohn und zudem ihr Schwiegervater. Als wohlwollendes Zeichen der Zustimmung zu meinem Weg als Mönch sah ich auch, dass meine Mutter eine kleine Marienkapelle am Seeufer meines Elternhauses einrichtete.

Meine Nichten und Neffen nannten mich auch ohne Umschweife gleich *Bernhard* beziehungsweise *Onkel Bernhard.* Auch meine alten Ettenreicher-Mitschüler kamen mit dem neuen Namen schnell klar; sie erkannten bei unseren Klassentreffen schnell meine gewandelte Identität und nannten mich Bernhard oder Pater Bernhard.

Im Novizenjahr lernten wir drei Neulinge das religiöse und praktische Leben der Zisterzienser kennen. Die Dienste wie Glockenläuten, Auf- und Zusperren der Pforte, Waschen, Putzen, Kirche und Sakristei säubern, Küchendienst und als Gästepater oder Krankenpater wirken – all das will gelernt sein. Scheinbare Kleinigkeiten wie das Auswechseln von Glühbirnen oder das Befreien der gotischen Mauerbögen von Spinnweben werden in einer großen Hausanlage wie dem Stift Heiligenkreuz zu anstrengenden Aufgaben, die es gewissenhaft zu erledigen gilt. Sonst kann das Kloster nicht in Schuss gehalten werden. Ein Hauptverantwortlicher ist für jeden Dienst eingeteilt, ihm werden in der Regel ein oder zwei Helfer zur Seite gestellt.

Ein Jahr nach meiner Einkleidung, legte ich am 15. August 1973 die Einfache Profess ab. Im selben Jahr besuchte ich zum ersten Mal die Zisterzienserinnenabtei *Mariastern-Gwiggen* (Vorarlberg). Vier Jahre später sollte dort *Dr. Renate Brem*, eine meiner ehemaligen Mitstudentinnen von der Universität Wien, eintreten. Seit dem Jahr 2005 fungiert sie dort als Äbtissin namens Hildegard.

Auch andere meiner Mitstudenten von der Universität Wien oder Mitseminaristen im Priesterseminar entschieden sich später für den Eintritt in verschiedene Klöster. So etwa *Ilse Ritz* oder *Pater Benedikt Stary*, mein damaliger Präfekt im Priesterseminar und heute Pfarrer in *Maria Raisenmarkt*. Echte Berufungen strahlen eben aus!

Eine besondere Verbindung entstand auch mit *Ernst Hauser*, der sich zunächst für das Weltpriestertum entschieden hatte, später aber eine klösterliche Gemeinschaft mit Gleichgesinnten suchte. Er gründete in seinem fünften Studienjahr ein sogenanntes Präsidium der *Legion Mariens* unter Studenten. Ich schloss mich seiner Gruppe an. Da ich noch Griechisch nachzulernen hatte, wurde ich anfangs in der Legion „geschont", wie es hieß.

Dann jedoch übernahm ich gemeinsam mit einer älteren Legionärin anspruchsvolle Apostolats-Aufgaben. Ich kümmerte mich beispielsweise um Kinder in Obdachlosenheimen, brachte ihnen Gebete und Spiele näher. Ernst Hauser wurde schließlich Kaplan in Baden trat dann als Benediktiner in das Kloster Göttweig ein und erhielt dort gleichfalls den Ordensnamen Bernhard. Wir sahen uns dann beide wieder, als wir uns der *Gemeinschaft des Heiligen Kreuzes*, geleitet von Pater Walter Schücker, anschlossen.

Mutter Teresa und
die Macht des Gebetes

Mein Lieblingsgebet: der Rosenkranz

Das Beten des Rosenkranzes ist nicht nur für Heilige oder Päpste, sondern auch für unzählige Christen zu einer steten Quelle der Freude und Kraft geworden. Die selige Mutter Teresa (†1997) zählte zu dieser großen Schar von Betern. Der heilige Papst Johannes Paul II. (†2005) bezeichnete schon zu Beginn seines Pontifikates vor aller Welt den Rosenkranz als sein Lieblingsgebet. Am 29. Oktober 1978 sagte er:

„Der Rosenkranz ist mein Lieblingsgebet. Er ist ein wunderbares Gebet, wunderbar in seiner Schlichtheit und seiner Tiefe. Man kann sagen, der Rosenkranz ist der Gebetskommentar zum achten und letzten Kapitel des Konzilsdokuments ‚Lumen Gentium‘, das von der wunderbaren Gegenwart der Muttergottes im Geheimnis Christi und der Kirche handelt.

In der Tat ziehen vor dem Hintergrund der Worte des Ave Maria vor den Augen der Seele die wichtigsten Ereignisse des Lebens Jesu vorbei. Sie bilden zusammen den freudenreichen, den schmerzhaften und den glorreichen Rosenkranz, der uns durch das Herz seiner Mutter in lebendige Verbindung mit Jesus bringt. Gleichzeitig kann unser Herz in die Abfolge dieser Geheimnisse des Rosenkranzes alle Ereignisse einschließen, die das Leben des Einzelnen, der Familie, der Nation, der Kirche und der Menschheit ausmachen; die persönlichen Erfahrungen und die des Nächsten, in besonderer Weise jener Menschen, die uns am allernächsten stehen, die uns am Herzen liegen. So bekommt das schlichte Gebet des Rosenkranzes den Rhythmus des menschlichen Lebens."

Der selige Papst Paul VI. († 1978) sagte, dass der Rosenkranz ein *„Abriss des Evangeliums Christi"* sei. So war es quasi logisch, dass sein Nachfolger auf dem Stuhl Petri den bisherigen drei Rosenkranzgeheimnissen ein viertes hinzufügte. Dieser *Lichtreiche Rosenkranz* beinhaltet die zentralen Stationen des irdischen Wirkens Jesu:

1. Jesus, der von Johannes im Jordan getauft worden ist;

2. Jesus, der sich bei der Hochzeit von Kana geoffenbart hat;

3. Jesus, der uns das Reich Gottes verkündet hat;

4. Jesus, der auf dem Berg Tabor verklärt worden ist;

5. Jesus, der uns die Eucharistie geschenkt hat.

In unserem Kloster Heiligenkreuz wird seit Anfang der 1980er Jahre jeden Abend nach der *Komplet*, dem letzten Stundengebet von uns Mönchen, in der Krankenkapelle der Rosenkranz vor dem ausgesetzten Allerheiligsten gebetet. Ich habe diesen Brauch als junger Mönch, mit Einverständnis der Oberen, gemeinsam mit einem anderen Mitbruder eingeführt. Damals waren wir zu zweit, höchstens zu dritt. Heute ist die Kapelle jeden Abend voll. Die jungen Mitbrüder sind hier besonders eifrig.

Leider kann ich häufig nicht mehr an diesem abendlichen Rosenkranzgebet teilnehmen, weil ich als Seelsorger unterwegs sein muss und so zu anderen Zeiten den Rosenkranz bete. Es scheint mir aber eine feststehende Tatsache zu sein, dass der Segen über unserem Kloster ganz eng mit diesem abendlichen Beten zusammenhängt. Je mehr wir als Klosterfamilie – oft verstärkt durch viele Klostergäste – gemeinsam vor dem Allerheiligsten knien und mit Maria im heiligen Rosenkranz das Antlitz Christi betrachten, desto größer ist die Frucht daraus.

Wie schön ist es übrigens, den Rosenkranz vor dem Allerheiligsten zu beten! In der Hostie schauen wir hin auf den, den unsere Lippen in der Mitte jedes *Ave Maria* nennen: *die gebenedeite Frucht deines Leibes, Jesus!* Sicher verstärkt allein schon die Nennung des heiligsten Namens Jesu die Wirkung dieses Gebetes. Ich bin überzeugt, dass viele unserer geistlichen Berufungen auch eine Frucht dieses fruchtbarsten aller Gebete sind.

Der selige *Bartolo Longo* († 1926) war kein Priester, sondern ein frommer Laie. Er gilt als *Heiliger des Rosenkranzes*. Diesem gläubigen Italiener gelang es, in Pompeji, wo vor 2000 Jahren ein gewaltiger Vulkanausbruch die ganze Stadt unter sich begrub, eine große Basilika zu Ehren *Unserer Lieben Frau vom Rosenkranz* zu errichten. Er sagte einmal:

„Wie zwei Freunde, die sich öfters besuchen, sich in ihren Gewohnheiten anzugleichen pflegen, so können auch wir, die wir in familiärer Vertrautheit mit Jesus und der Jungfrau in der Betrachtung der Rosenkranzgeheimnisse sprechen und gemeinsam ein und dasselbe Leben in der Kommunion vollziehen, ihnen gleich werden, soweit dies unsere Begrenztheit erlaubt." Er betonte weiter: *„Von diesen höchsten Beispielen können wir das demütige, arme, verborgene, geduldige und vollkommene Leben erlernen."*

Was ist also die Mystik, das Geheimnis des Rosenkranzes? Er führt uns an der Seite Mariens ganz in die Nähe Christi. Das möchte ich auch gerne unseren evangelischen Brüdern und Schwestern vermitteln, die das Beten des Rosenkranzes im Allgemeinen ablehnen. Dieses Gebet, dieser aus der Bibel entnommene Gruß an Maria, führt nicht von Jesus weg, sondern vielmehr immer näher zu ihm hin.

Es wäre schade und ein großer geistlicher Verlust, diese großartige Möglichkeit, in der Nähe Jesu zu verweilen, zu verpassen. Dieses völlig auf Christus gegründete

und in der Marienverehrung angelegte Rosenkranzgebet verhindert in keiner Weise die unmittelbare Vereinigung der Glaubenden mit Christus. Im Gegenteil:
Maria fördert unser Einswerden mit Christus. Wie
sollte sie, die Mutter Jesu, auch etwas anderes je tun
wollen? Maria vertieft und vervollkommnet unser Einswerden mit Christus. Sie ergänzt es, wo wir schwach
und fehlerhaft sind.

Der Segen der vollkommenen Hingabe an Jesus Christus durch die Hände Mariens, wie sie auch der heilige
Papst Johannes Paul II. mit seinem Motto *Totus Tuus*
(lateinisch: ganz dein) ausdrückte, liegt in einer einfachen Erlaubnis, die du gibst: Du erlaubst Maria, dich
zu einem echten Christen zu formen und zu gestalten,
sodass Gott dann im Himmel zu dir sagen wird: *„An
diesem oder an dieser habe ich mein Wohlgefallen!"* (vgl.
Mt 3,17; 17,5)

Wenn du den Rosenkranz betest, dann denke bitte
nicht, dass du alleine wärest. Du bist immer an der
Seite Mariens, die an der Seite Jesu ist. Der heilige Pater
Maximilian Kolbe († 1941), der sein Leben für einen
Familienvater im Konzentrationslager Ausschwitz
opferte, sagte dazu: *„Sie (Maria) ist über dir, unter dir,
rechts und links von dir, sie umgibt dich von allen Seiten!"*

Maria, die nicht nur Jesus auf die Welt gebracht hat,
sondern ihn auch im Haus von Nazareth großzog, auf
seinem Pilgerweg in Israel bis unter das Kreuz und

zur Auferstehung begleitete, setzt dieses Werk nun an uns, ihren geistlichen Kindern, fort. Diejenige, die das Jesuskind erzogen und geformt hat – wie sollte sie nicht auch mich so formen, dass endlich aus mir ein richtiger und fruchtbarer Christ wird?

Versuche es einmal, dann zweimal, dann dreimal. Du wirst bald merken, dass du ein „anderer Mensch" wirst, eben ein *zweiter Christus*, wenn du den Rosenkranz betest. Das ist die Mystik des Rosenkranzes, sein Geheimnis, das ihn zum populärsten Gebet der katholischen Christenheit, zum Lieblingsgebet gemacht hat. Wenn du betest, bringe einfach alle Tagesereignisse vor Gottes Angesicht, durch das Herz der Mutter Maria hindurch. Dann wirst du die verwandelnde Kraft, die in diesem Beten liegt, erfahren.

Beglückt von dieser lebenslangen Erfahrung schrieb der selige Bartolo Longo, der Heilige des Rosenkranzes, diese Worte:

„O Rosenkranz, gesegnet von Maria, süße Kette, die uns an Gott bindet, Bann der Liebe, die uns mit den Engeln vereint, Turm des Heiles gegen die Angriffe der Hölle, sicherer Hafen im allgemeinen Schiffbruch, dich lassen wir nicht mehr los. Du bist unsere Stärke in der Stunde des Todes. Dir gilt der letzte Kuss unseres Lebens, wenn wir sterben. Der letzte Gruß unserer Lippen sei dein holder Namen, o Königin des Rosenkranzes von Pompeji! O

gute Mutter, du Zuflucht der Sünder, erhabene Trösterin der Betrübten, sei überall gepriesen, heute und immer, im Himmel und auf Erden!"

Die Hunde ruhig bellen lassen

Als junger Student und Kandidat im Erzbischöflichen Priesterseminar in Wien erhielt ich einmal einen guten Rat, der mir oft die nötige Ruhe und die notwenige Gelassenheit zum Beten ermöglicht hat. Ich saß damals in der Pforte des Priesterseminars und hatte die Aufgabe, die verschiedenen Telefone zu bedienen. Sie klingelten oft gleichzeitig, sodass man kaum wusste, welches man zuerst bedienen sollte. Von Ruhe und Gelassenheit, geschweige denn von der Möglichkeit zum Beten konnte in dieser Pforte also nicht im Entferntesten die Rede sein.

Um mit diesem Problem fertig zu werden, sagte man mir: Wenn das erste Telefon läutet, dann sage höflich: *„Grüß Gott, hier ist das Erzbischöfliche Priesterseminar!"* Wenn aber zwei oder drei Telefone gleichzeitig klingeln, dann lehne dich zurück. Und siehe da: nach einer Weile hört alles wieder von selbst auf zu klingeln.

Ist das nicht eine wunderbare Regel zur geistlichen Gelassenheit? Wir Menschen meinen ja, dass wir – im übertragenen Sinn – immer und jederzeit alle drei Telefone gleichzeitig betätigen müssen. Und das bringt uns natürlich in Hektik – heute in Zeiten der mobilen Telefone oder Smartphones umso mehr.

Also lassen wir die Hunde bellen und auch manchmal sogar die Telefone einfach läuten. Diese Haltung soll kein Aufruf zur Faulheit sein. Hier können wir einen Hinweis erhalten, wie wir unsere Leidenschaften zügeln können. Albino Luciani, der spätere Papst Johannes Paul I. († 1978), kannte als Seelsorger die Not von gläubigen Christen, die mit einer gewissen Erdenschwere zu kämpfen haben, immer noch das eigene Fleisch spüren. In solchen Situationen, wenn uns diese Leidenschaften stören, sollen wir keinen großen Wirbel um sie machen, sondern sie wie bellende Hunde einfach nicht beachten. Dann hören diese Leidenschaften auch wieder von selbst auf, so der Rat des Papstes.

Das gilt auch für Situationen, wo uns ein Missgeschick unterläuft. Einmal passierte dem Heiligen Vater folgendes Malheur: Als sein Sekretär ihm ein Dokument zum Unterschreiben vorlegte, erwischte er statt des Trockenpulvers das Tintenfass, sodass sich die Tinte über das kostbare Dokument ergoss. In diesem Augenblick stand der Botschafter des Königs, dem das Schreiben übergeben werden sollte, aber bereits vor der Tür.

Papst Johannes Paul I. unterdrückte einen kurzen Anfall von Ärger, legte sich sozusagen selbst die Zügel an und das unbrauchbar gewordene Dokument beiseite. Ganz entspannt sagte er dann zum Botschafter: *„Ich habe noch gedacht, einen persönlichen Gruß an Ihren*

König hinzuzufügen. Können Sie vielleicht morgen noch einmal vorbeikommen, um das fertige Dokument dann abzuholen?"

So verwandelte sich das Missgeschick, über das andere vielleicht viele Flüche ausgestoßen hätten, in eine besondere Auszeichnung für den König dieses Landes. Verlieren wir also nie den Mut, wenn uns die Leidenschaften bedrängen oder Missgeschicke passieren. Beten wir immer so: *„Herr nimm mich so, wie ich bin, aber mach mich so, wie du mich haben willst."* Mit Geduld und Gelassenheit wachsen auf diese Weise fast unmerklich die guten Früchte und Tugenden des Heiligen Geistes in dir heran.

Der Weg mit Gott – mit dem Ziel der Heiligkeit! – ist keine Urlaubsreise. In der Bibel steht, dass der Pfad in das Himmelreich schmal und steinig ist, während der Weg in das Verderben breit und eben sei. Daher rate ich dir: Gehe deinen Weg ungeachtet aller Hindernisse und Schmerzen, die es immer in deinem Leben geben wird. Ins Himmelreich kommt man nicht ohne manche Widrigkeit, manches Leiden. Dazu gehört auch, dass wir einige Aufgaben für das Reich Gottes übernehmen, für die wir uns eigentlich gar nicht geeignet fühlen oder begabt sind.

Von Natur aus bin ich kein begabter Redner. Ich mag auch nicht gerne schreiben oder studieren. Aber Abt Franz Gaumannmüller († 1990) schickte mich dann zu meiner eigenen Überraschung zum Studium nach Rom. Pater Walter Schücker († 1977) bat mich die Gebetsgemeinschaft der *Freunde des Heiligen Kreuzes* zu übernehmen. So leite ich diese große Gemeinschaft mit heute 2.400 Mitgliedern schon seit vielen Jahrzehnten.

Mir blieb also nichts anderes übrig: Ich musste reden, studieren, schreiben und sogar an der Hochschule unterrichten. Ich wusste und glaubte immer: Gott gibt mir die Kraft dazu. Darum stelle ich mich Gott ganz, sozusagen mit Haut und Haaren, zur Verfügung. Als Priester darf ich mit dem Apostel Paulus sagen, der an die Christen in Rom schrieb: *„Griechen und Nichtgriechen, Gebildeten und Ungebildeten bin ich verpflichtet"* (Röm 1,14).

Oder der jungen Kirche im griechischen Korinth bekannte der heilige Paulus rückblickend: *„Allen bin ich alles geworden, um auf jeden Fall einige zu retten."* (1 Kor 9,22) Mir liegt alles daran, das Evangelium so zu verkünden, dass möglichst viele Menschen den Weg zum Gottesreich finden.

Ich möchte so reden, dass jedenfalls einige es fassen können, dass du dich aufmachst, um in die Arme des himmlischen Vaters zu laufen. *„Immer munter, rauf und runter",* wie es heißt, lasst uns den Weg zum Vater eilen. Mit der Heiterkeit, die uns der Heilige Geist gibt und die Kindern eigen ist, lasst uns den Weg bis zum Haus des Vaters gehen, wo es – Gott sei Dank! – viele Wohnungen geben wird.

Das hässliche Wesen eines Fluches

Aus der Praxis der Seelsorge und Beichte kenne ich eine Reihe von Menschen, die von seltsamen Symptomen gequält werden. Sie erleiden unerklärliche seelische, geistige oder körperliche Schmerzen, manchmal mit Versuchungen zum Selbstmord; manche erleben nächtliche Albträume, diffuse Störungen wie Schattensehen, Fratzen, Kältegefühle oder mentale Blockaden.

In der Fachsprache beschreibt man solche Symptome als *Umsessenheit (circumsessio)*, die leider ein gar nicht so seltenes Phänomen ist. Hierbei handelt es sich nach *Jörg Müller*, einem klinischen Psychologen und Ordensgeistlichen, um eine dämonische Störung, wie er in seinem Buch *„Verwünscht, verhext, verrückt oder was?"* (1998) beschreibt.

Pater Müller hat in jahrzehntelanger Praxis festgestellt, dass immer mehr Menschen aufgrund von okkulten und satanischen Praktiken seelisch belastet sind. Ihre Zahl liegt heute viel höher, als im Allgemeinen angenommen. Erstaunlich ist in diesem Zusammenhang, dass sich die deutschsprachige Kirche mit deutlichen Stellungnahmen in konkreten Fällen schwertut.

Kirchlich Verantwortliche schicken in der Regel solchermaßen kranke Menschen zu Psychiatern, weil vielen Priestern der Glaube an die reale Hilfe und Macht Gottes in diesem Bereich abhandengekommen ist. Aber bei den Psychiatern finden viele Hilfesuchende keine Heilung oder Besserung ihrer Leiden, weil deren Methoden diesen von dämonischen Störungen geplagten Menschen nicht wirklich helfen können. So befinden sich die Patienten in einem veritablen Teufelskreis.

Die theologische Ausbildung spart diesen wichtigen Bereich der Seelsorge heute weitgehend aus. Das ist umso bedauerlicher, weil sich heute immer mehr Psychologen und Mediziner diesem Bereich öffnen und gerne mit kompetenten Seelsorgern zusammenarbeiten wollen, um ihren Patienten wirkungsvoll helfen zu können.

Oft steckt hinter den beschriebenen Symptomen eine veritable Verfluchung. Wenn ich als Priester und Seelsorger frage: *„Sind Sie oder Ihre Familie vielleicht einmal verflucht worden?"*, werden mir spontan die tollsten Dinge erzählt. Es ist entsetzlich, was in manchen Familien vorgefallen ist. Da hat beispielsweise einmal eine beleidigte Tante zu einem jungen Paar gesagt: *„Ich verfluche eure Wohnung. Ihr sollt keine Kinder bekommen!"* Vehement und oft hat sie das wiederholt.

Solche Flüche können auch durch den Großvater oder die Großmutter über die Familie, über Häuser oder Grundstücke ausgesprochen worden sein und so sogar über Generationen wirken. Ein Fluch ist etwas ganz Hässliches. Es gibt nämlich beides: die Wirklichkeit des Gebetes füreinander und das Gegenstück dazu – die Wirklichkeit des Fluches.

Hinter der Umsessenheit steckt auch oft ein Kontakt zu Spiritisten und Magiern. Als ich Pfarrer war, habe ich in einer Firmvorbereitungsstunde die Jugendlichen gefragt: *„Wer von euch hat schon einmal irgendwelche okkulten Praktiken begangen?"* Von 18 Jugendlichen hatten nur zwei keine Erfahrungen in diesem Bereich. Die meisten wussten ganz genau, wie Tischerlrücken geht, wie man Tote beschwört oder das Pendel befragt. Das war ganz offensichtlich keine Aufschneiderei, denn die Jugendlichen konnten es genau beschreiben.

Als ich sie dann aber fragte, was denn die göttliche Dreifaltigkeit wäre, antworteten sie: *„Josef, Maria und das Jesuskind."* Ich erzähle dies, weil hier ein Zusammenhang besteht. Je mehr der Glaube und das Wissen über den Glauben schwinden, desto stärker strömen Magie und Aberglaube in diesen Bereich ein. Wie die Luft in ein Vakuum einströmt, so strömen Okkultismus und Esoterik in die Seelen der glaubenslosen oder unwissenden Menschen ein.

Leider nimmt die katholische Kirche im deutschsprachigen Raum den klaren biblischen Auftrag zur Dämonenaustreibung, den Jesus seinen Jüngern gegeben hat, schon seit einigen Jahrzehnten nicht mehr allzu ernst. In den 1970er Jahren hat der Theologe *Herbert Haag* den *„Abschied vom Teufel"* ausgerufen. Doch das war falsche Prophetie. Der Teufel hat sich nicht von dieser Welt verabschiedet!

In der Kirche schweigen viele Priester über das Wirken der Dämonen und des Teufels, weil sie Angst haben, auf diese Weise als „mittelalterlich" oder „reaktionär" zu gelten. Sie reden den Menschen sogar ein, dass alle Störungen des Menschen medizinisch oder psychologisch zu heilen oder zu behandeln seien. Doch das ist, wie beschrieben, ein Irrtum.

Das biblische Zeugnis ist in dieser Hinsicht eindeutig. Satan ist nicht nur eine „Chiffre", ein „Symbol" oder eine „Metapher" für das Böse, sondern eine personale und gefährliche Wirklichkeit. Gleich im ersten Kapitel des Markusevangeliums lesen wir, dass Jesus nicht nur Dämonen ausgetrieben hat, sondern auch gekommen ist, um die Macht Satans zu brechen.

Der Kampf gegen die Dämonen ist eine unverzichtbare Dimension des Wirkens Jesu. Wir bewegen uns hier nicht im Bereich dubioser religiöser Randphänomene oder seltsamer privater Meinungen eines Priesters, sondern im Raum der offiziellen Lehre der katholischen Kirche, die klar von der Existenz des Teufels spricht.

Die Kirche hat von ihrem Stifter Jesus Christus den Auftrag zur Befreiung und Krankenheilung erhalten, wie Jesus ihn beispielsweise an die Gruppe der 12 Jünger (vgl. Mt 10,1) richtet. Der Erfolg des Befreiungsdienstes bei dämonischen Störungen hängt allerdings ganz wesentlich vom Charisma des jeweiligen Priesters, von seiner seelischen Verfassung, Glaubenskraft und Demut ab.

Vielfach vermischen sich auch seelische Phänomene mit dämonischen Störungen. So ist es für mich als Priester selbstverständlich, dass ich in solchen Fällen mit Ärzten und Psychologen zusammenarbeite. Hilfreich ist eine gewisse Vorsicht bei der Diagnose beim Zusammenwirken der verschiedenen Fachrichtungen. Eine Kombination von psychiatrischer und geistlicher Therapie führte schon in vielen Fällen zum Erfolg.

Die Seligsprechung von Mutter Teresa

Am 15. März 1988 besuchte die kleine, damals schon weltberühmte *Mutter Teresa von Kalkutta* unser Kloster in Heiligenkreuz. In der Stiftskirche hielt sie eine Ansprache, die sich den Mönchen wie auch den 1000 jugendlichen Messbesuchern unvergesslich ins Herz brannte. Pater Karl Wallner durfte die Ordensfrau sechs Stunden begleiten und ihr auf diese Weise ganz nahe sein. Jeder 15. März ist für uns Mönche hier in Heiligenkreuz ein Festtag, so beeindruckend war dieser Besuch der Gründerin der *„Missionarinnen der Nächstenliebe"*!

Mutter Teresa erinnerte in ihrer Heiligenkreuzer Ansprache, wie schon bei der Rede zur Verleihung des Friedensnobelpreises am 10. Dezember 1979, an das Verbrechen der Tötung von Millionen ungeborener Kinder. Sie sagte:

„Der größte Zerstörer des Friedens ist heute der Schrei des unschuldigen, ungeborenen Kindes. Wenn eine Mutter ihr eigenes Kind in ihrem eigenen Schoß ermorden kann, was für ein schlimmeres Verbrechen gibt es dann noch, als wenn wir uns gegenseitig umbringen? ... Aber heute werden Millionen ungeborener Kinder getötet, und wir sagen nichts. ... Für mich sind die Nationen, die Abtreibung legalisiert haben, die ärmsten Länder. Sie fürchten die Kleinen, sie fürchten das ungeborene Kind."

Bei ihrer Ansprache im Stift Heiligenkreuz klagte Mutter Teresa:

„Was für schreckliche Dinge passieren heute, dass eine Mutter ihr eigenes Kind durch die Abtreibung tötet. Die Abtreibung ist heute die größte Zerstörerin des Friedens, denn sie zerstört die Liebe; sie zerstört das Bild Gottes in uns; sie zerstört die Liebe, die Gott durch das ungeborene Kind schenkt."

Die Seligsprechung von Mutter Teresa am 19. Oktober 2003, gut sechs Jahre nach ihrem Tod im Jahr 1997 und gut 15 Jahre nach ihrem Besuch in Heiligenkreuz, bezeichnete Papst Johannes Paul II. als einen seiner Höhepunkte im langen 26-jährigen Pontifikat. Tief bewegt sagte er bei dieser Feier:

„Gedenken wir heute Mutter Teresas, einer herausragenden Dienerin der Armen, der Kirche und der ganzen Welt. Ihr Leben ist ein Zeugnis für die Würde und den Vorrang des demütigen Dienstes. Sie wollte nicht nur die Geringste, sondern die Dienerin der Geringsten sein... Ihre Größe bestand in der Fähigkeit zu geben, ohne die Kosten zu berechnen; zu geben, bis es weh tat."

An dieser Feier der Seligsprechung auf dem Petersplatz in Rom durfte ich ebenfalls teilnehmen. Am Tag zuvor hatte es aus allen Schleusen des Himmels geschüttet, es war wahrlich kein gewöhnlicher Regen gewesen. In weiten Teilen Italiens war es daher zu Überschwemmungen und folglich zu Verkehrsbehinderungen gekommen. Jedermann meinte, dass es auch am Sonntag, dem Tag der Seligsprechung, regnen würde. Aber siehe da, am Morgen dieses Festtages war der Himmel blau und die Sonne strahlte fröhlich herab.

Der Himmel strahlte in den gleichen Farben wie der weiß-blaue Sari, den Mutter Teresa immer trug. Mir fiel auch auf, dass während der gesamten Zeremonie der Seligsprechung der Mond in Form einer Sichel am Himmel über der Sixtinischen Kapelle zu sehen war. Auch Johannes Paul II. hatte vor 25 Jahren, als er zum Papst gewählt worden war, den am helllichten Tage sichtbaren Mond als Zeichen der Gottesmutter Maria gedeutet. Wie wunderbar hat die Gottesmutter Maria dann sein Pontifikat begleitet!

Mir wurde bei dieser Seligsprechungszeremonie die Ehre zuteil, ganz vorne, nahe beim Altar und am Papstthron gemeinsam mit meinem Priesterfreund Pater Franz Ornetsmüller sitzen zu dürfen. Wie war es dazu gekommen? Ganz einfach: Meinen Schutzengel hatte ich vorher „beauftragt", für einen guten Platz zu sorgen. Da bei dieser Messe nicht die normalen Ehrengäste, wie Präsidenten, Diplomaten, Kardinäle oder Bischöfe, sondern einfache oder arme Gäste ganz vorne sitzen durften, war ich als einfacher Mönch aus Heiligenkreuz ganz unverhofft zu dieser Ehre gekommen.

Und Arme gab es auch in Rom genug. Auf Bitten von Mutter Teresa hatte Papst Johannes Paul II. sogar im Vatikan ein Obdachlosenasyl einrichten lassen, das dann von den *Missionarinnen der Nächstenliebe* betreut wurde. All jene Armen, die keine Wohnung, kein Einkommen oder Essen, keine Arbeitsstelle hatten oder aidskrank waren, konnten in dieser Unterkunft zeitweise wohnen. Sie alle saßen nun in der ersten Reihe ganz nahe beim Papst.

Als der Papst in seiner Ansprache den Vers aus dem Markusevangelium zitierte: *„Wer bei euch der Erste sein will, soll der Sklave aller sein"* (Mk 10,44), stieg in meinem Herzen sofort die Bereitschaft auf, mich noch stärker in den Dienst für die Menschen zu stellen. Im Gottesreich ist derjenige der Erste und Größte, der bereit ist, sich sogar zum Sklaven für andere zu machen. Das hat Mutter Teresa vorgelebt. Sie wird deshalb als „groß" bezeichnet, weil sie sich als Dienerin der Geringsten ganz klein gemacht hat.

In dieser Weise dienen zu können verlangt Mut, besser noch Demut. Das deutsche Wort *Demut* kommt von *Dienmut,* was schlicht und einfach *Mut zum Dienen* bedeutet. Viele Menschen tun gerne genau die Dinge, für die sie von anderen Menschen gelobt, anerkannt oder bezahlt werden. Auch wer einfaches soziales Engagement zeigt, wird heute oft genug gelobt. Das ist leicht, aber im Grunde genommen auch ein wenig feige.

Sich aber wirklich in den Dienst der Ärmsten der Armen zu stellen, das erfordert Mut. Diese Menschen tragen so viele Verwundungen in ihren Seelen. Sie können hart und undankbar sein. Dieser Dienst ist schwer und oft genug ohne irdischen Lohn. Schon der *heilige Vinzenz von Paul* († 1660) sagte einmal treffend und für manchen etwas rätselhaft: *„Die Armen verzeihen dir nicht das Brot, das du ihnen gibst. Die Armen sind strenge Herren!"*

Den Weg der Demut ist Christus selbst bis zum Kreuz gegangen. Dieser Weg der Liebe und des Dienens stürzt jede menschliche Logik um. In einer Gesellschaft von emanzipierten Menschen, die sich der Hand Gottes entziehen oder entgleiten wollen, zählt dieser vermeintlich sinnlose Dienst nichts. Wer dient gilt als minderwertig oder unterwürfig. Wir leben in einer Zeit, wo es besser scheint, sich über andere Menschen aufzuspielen, andere Menschen beherrschen zu wollen oder einfach über ihnen zu stehen. Das ist die Logik der durch die Erbsünde verletzten Natur des Menschen.

Dienen ist nicht mehr zeitgemäß, aber dennoch christusgemäß. Diese Logik begleitet die Schwestern und Brüder der *Missionaries of Charity*, wie der Orden Mutter Teresas international heißt. Mit ihrem Anliegen, den Dienst an den Ärmsten der Armen über alles andere zu stellen, folgen sie dem Wort des heiligen Apostels

Paulus: „*Tut nichts aus Ehrgeiz und nichts aus Prahlerei. Sondern in Demut schätze einer den Anderen höher ein als sich selbst.*" (Phil 2,3).

Genau das geschieht, wenn du den Ärmsten und Bedürftigsten – geistig, seelisch oder materiell – dienst; dann schätzt du den Anderen höher ein als dich selbst, denn du musst dich *unter* sie beugen. In den Augen vieler Menschen verlierst du dadurch vielleicht an Ehre, aber von Gott her gewinnst du die Ehre der Heiligkeit.

Begegnungen mit der seligen Mutter Teresa

Der heilige Papst Johannes Paul II. ist Mutter Teresa, dieser mutigen und demütigen Frau, mehrmals zu seinen Lebzeiten begegnet. Wiederholt hat die Nonne und Ordensgründerin den Papst auch im Vatikan besucht. Für jede dieser Begegnungen war Johannes Paul zutiefst dankbar, weil Mutter Teresa einfach eine unglaubliche Liebe ausstrahlte. Die gegenseitige Wertschätzung kann man sogar aus den Bildern ablesen, die es von diesen Treffen gibt.

Bei der Seligsprechung schließlich bezeichnete der Heilige Vater Mutter Teresa sogar als *„Ikone der Barmherzigkeit"*. In ihr würde der barmherzige Samariter, wie er in der bekannten Gleichniserzählung aus dem Lukasevangelium (vgl. Lk 10, 25–37) erscheint, in unseren Tagen lebendig und sichtbar werden. Genauso wie der Samariter gehe Mutter Teresa nicht wie die vielbeschäftigten Leute an dem unter die Räuber gefallenen Notleidenden vorüber, sondern sie halte inne und wende sich der Not dieses einen Menschen zu.

Im Jahr 1993 bin ich Mutter Teresa persönlich begegnet. Anlässlich einer Pilgerreise von Papst Johannes Paul II. hatten wir uns mit einigen Mitgliedern unserer *Gebetsgemeinschaft der Freunde des heiligen Kreuzes* auf den Weg nach Tirana, der Hauptstadt von Albanien, gemacht. Erst vier Jahre zuvor war dort die Gewaltherrschaft des Diktators *Enver Hoxha* beendet worden.

Jahrzehntelang war Albanien unter der Herrschaft des Kommunismus gewaltsam zum gottlosesten Land der Erde gemacht worden. Das Regime hatte die strikte Gottlosigkeit für alle Bereiche der Gesellschaft angeordnet. Niemand durfte seine Religion ausüben, weder Christen noch Muslime. Alle Kirchen, Klöster und Moscheen waren gesperrt worden. Priester mussten ins Ausland fliehen oder wurden in Konzentrations- oder Zwangsarbeitslagern eingesperrt. Unter Todesstrafe war es verboten, irgendein religiöses Zeichen zu tragen oder gar ein Kreuzzeichen zu machen.

Doch der lebendige Gott war stärker, und so versank dieses unselige Regime nach der Wende im Jahr 1989 im Nichts. Papst Johannes Paul II. sprach bei seiner Pilgerreise genau an dem Platz, wo das monumentale vergoldete Denkmal des Diktators gestanden hatte. Es war nach der Revolution umgestürzt worden. Nun feierte dort der Papst eine Heilige Messe. Bei diesem Gottesdienst war auch Mutter Teresa anwesend.

Nach den'großen Feiern in *Tirana* und *Shkodër* erhielten wir die Möglichkeit, mit Mutter Teresa zu sprechen. Die *Missionarinnen der Nächstenliebe* hatten damals schon in *Shkodër* ein kleines verfallenes und bescheidenes Kloster bezogen. Nach der Papstmesse hielt sich Mutter Teresa gerade in der dortigen Kapelle auf, als wir ankamen.

Ich nutzte diese einmalige Chance und konnte 45 Minuten lang in ihrer direkten Nähe sein. Mutter Teresa war von Natur aus sehr klein und ging dazu im hohen Alter tief gebeugt. Sie reichte mir ungefähr nur bis zum Bauchnabel. So musste auch ich mich tief zu ihr hinunterbeugen. Es schadet Priestern nicht, wenn sie sich demütig hinunterbeugen müssen!

Mutter Teresa hat sich dann auf den Fußboden der Kapelle niedergekauert; so musste auch ich mich neben sie auf den Boden setzen. Vor dem Tabernakel haben wir zunächst in der Stille gebetet. Dann richtete sie langsam ihre Augen auf mich und wies auf das Wort hin, das Jesus am Kreuz sprach: *„I thirst. Mich dürstet."* (Joh 19,28). Diese Worte sind das Leitmotto der *Missionarinnen der Nächstenliebe*. Sie stehen in großen Lettern in allen Kapellen des Ordens zwischen Kreuz und Tabernakel geschrieben. Diese Worte markieren den Durst des Erlösers, dem es nach Menschen und Seelen dürstet, die ihm auf dem Weg des Kreuzes und der demütigen Liebe bis ins Himmelreich folgen wollen.

Dieser Ruf Jesu hat die Seele der seligen Mutter Teresa wie ein Schwert durchbohrt. Er fand in ihrem Herzen einen fruchtbaren Boden. Diese Worte Jesu wurden zu ihrer inneren Antriebskraft, die sie über sich selbst hinauswachsen ließ. In der Vereinigung mit Maria, der Mutter Jesu, wollte sie Jesu Durst nach Liebe, den Durst nach Seelen, die sonst für die Ewigkeit verloren gehen würden, stillen. So eilte die Ordensgründerin über den ganzen Globus und gründete überall neue Klöster. Heute bestehen 710 Häuser in 133 Ländern mit mehreren Tausend Schwestern und Brüdern.

Dann schaute Mutter Teresa noch einmal zu mir auf und sagte: „*We adopt Priests. Wir adoptieren Priester.*" Erstaunt wie ich war, erklärte sie mir sogleich, was sie damit meinte. Jede Missionarin der Nächstenliebe hätte von ihr die Aufgabe bekommen, jeweils einen Priester geistig zu adoptieren, für ihn zu beten und zu opfern. Jede Schwester würde nur den Vornamen dieses Priesters aus der katholischen Weltkirche kennen, aber nicht genau wissen, um welchen Priester es sich im Einzelnen handle. Die Schwestern würden nicht wissen, wo dieser Priester lebe, wie alt oder wie jung er sei.

Die Aufgabe der Schwester bestehe dann darin, für diesen einen Geistlichen Tag für Tag unermüdlich zu beten, bei jeder Messfeier und auch während des Dienstes an den Armen an diesen einen Priester zu denken. Auf diese Weise können die Nonnen ihr geistlich adoptiertes „Kind" übernatürlich unterstutzen. Ein großartiges Angebot also, das ich da erhielt, das sich manche sonst kaum verstehbare Fruchtbarkeit in meinem Dienst als Priester und Beichtvater erklären kann.

Wie Mutter Teresa Klöster gründet

Mutter Teresa übermittelte mir nicht nur das Angebot zur geistlichen Adoption, sondern sie erklärte mir auch, wie sie Ordenshäuser gründet. Sobald sie die Erlaubnis zu einer Klostergründung vom jeweiligen Ortsbischof erhält, nehmen die Schwestern in einem kleinen Hostiengefäß die heilige Kommunion, den Leib Christi, mit. Als Erstes zimmern sie dann aus einfachen Materialien einen Tabernakel, um dort den heiligen Leib Christi aufzubewahren.

„Und mit der Zeit entsteht dort ein Kloster", berichtete mir Mutter Teresa. Sobald Jesus da sei, sobald Er einen Ort habe, an dem Er angebetet wird, bilde Er um sich herum eine Gemeinschaft des Glaubens, ein Kloster. *„Wir müssen daraus lernen"*, fuhr sie fort: *„Wenn der Herr in der Mitte ist, ergibt sich alles andere von selbst ... nämlich durch ihn!"*

Das ist nichts anderes als die Anwendung des Psalmwortes: *„Wenn nicht der Herr das Haus baut, müht sich jeder umsonst, der daran baut."* (Ps 127,1). Christus selbst baue die Kirche auf. Er ist in der Eucharistie gegenwärtig. Darum baue die Eucharistie die Kirche auf. Der heilige Augustinus, Bischof und Kirchenvater, schrieb vor 1.600 Jahren: *„Eucharistia facit ecclesiam et ecclesia facit eucharistiam. Die Eucharistie baut die Kirche auf und die Kirche feiert die Eucharistie."*

Nicht zufällig wurde daher die Seligsprechung Mutter Teresas auf den jährlich in der Kirche gefeierten Weltmissionssonntag, den 19. Oktober 2003, gelegt. Und programmatisch ist im Namen des Ordens der seligen Mutter Teresa nicht nur das Wort *Nächstenliebe,* sondern auch das weniger populäre Wort *Missionare* enthalten. Denn der Evangelisierungsauftrag der Kirche führt zwar über die Nächstenliebe, wird aber durch das Gebet und das Hören auf das Wort Gottes genährt.

Mission ist nur in Liebe und aus Liebe möglich. Wenn ich alle Menschen, egal welcher Hautfarbe, sozialer Stellung oder Kultur liebhabe, dann bin ich ein missionarischer Mensch. Bei Mutter Teresa ist dieser missionarische Stil – die Verbindung von Liebe zu Gott und zu den Menschen – in einem eindrucksvollen Foto festgehalten. In einer Hand hält sie das Händchen eines Kindes fest und durch ihre andere Hand gleiten gleichzeitig die Perlen des Rosenkranzes. *„Das ist das Symbol des neuen missionarischen Stils",* sagte Papst Johannes Paul dazu. Aktion und Kontemplation, Arbeit und Gebet sind in einem Lebenszeugnis vereint.

Mutter Teresa hat den Rosenkranz übrigens nie aus der Hand gelassen. Als sie bei uns in Heiligenkreuz war, umringt von so vielen Jugendlichen, hielt sie immer den Rosenkranz in ihren Händen. Ihre abgearbeiteten Hände, die den Rosenkranz umschlungen hielten, sind

für mich das schönste Symbol für die alte benediktinische Spiritualität, der auch wir Zisterzienser folgen:
Ora et labora! Bete und arbeite!

Wenn ich auf die Hände Mutter Teresas schaue, dann
wird mir klar: Nur so kann die Neuevangelisierung
gelingen: in der Einheit von Gebet und menschlicher
Anstrengung. Die kleine Nonne aus Albanien hat
uns neu die Wahrheit gelehrt, dass nichts gelingen
wird, wenn wir nicht beten. Nur aus dem Gebet, der
Gemeinschaft mit Jesus im Tabernakel, können wir
die Kraft zum Dienst am Nächsten schöpfen, in dem
uns Christus selbst begegnen will.

Wo Liebe ist, da ist Friede und Freude

Nachdem Mutter Teresa und ich gemeinsam in dieser kleinen Kapelle in Albanien vor dem Allerheiligsten gebetet hatten, schrieb sie mir folgende Worte in ein Büchlein – ein Wort für mich als Priester, aber zugleich auch ein Wort für uns alle:

„Mein Gebet für euch Priester besteht darin, dass ihr wachsen möget in Heiligkeit durch Liebe füreinander. Denn wo Liebe ist, da ist Friede. Und wo Friede ist, da ist auch Freude. So haltet die Freude der Liebe untereinander in euren Herzen! Teilt diese Freude mit allen, die euch begegnen. God bless you! Mother Teresa."

Diese Worte sind mir so kostbar geworden, nicht weil sie von einer berühmten Frau, einer seliggesprochenen Nonne stammen. Viel entscheidender ist doch: Diese Worte weisen auf das Herzstück ihres Dienstes hin. Mutter Teresa war eine große Beterin, das vergisst man leicht, weil ihre sozialen Dienste an den Ärmsten der Armen auf der ganzen Welt so viel Bewunderung hervorriefen.

In Heiligenkreuz sagte sie zu den Jugendlichen:

„Geht zu den Priestern und bittet die Priester, sie sollen die Tabernakel öffnen und sollen das Allerheiligste zur Anbetung aussetzen. Bittet die Priester, sie sollen euch zumindest den Schlüssel geben, damit ihr den Tabernakel zur Anbetung öffnen dürft."

Als Lehrmeisterin des Gebetes fuhr Mutter Teresa fort:

„Sprich mit Gott! Lass Jesus in dir beten! Um beten zu können, brauchen wir Stille, denn Gott spricht zu uns in der Stille des Herzens. Wir antworten aus der Fülle des Herzens. Gottes Reden in der Stille unseres Herzens und unser Antworten aus der Fülle des Herzens, beides zusammen ist Gebet.“

Und im Gästebuch vom Stift Heiligenkreuz stehen unter dem 15. März 1988 ihre Worte:

„The fruit of prayer is faith. The fruit of faith is love. Die Frucht des Gebetes ist der Glaube. Die Frucht des Glaubens ist die Liebe.“

Tiefe Worte, geistliche Worte, fruchtbare Worte. Ja, der Glaube kann nicht für sich allein existieren, er muss sich in Liebe verwandeln. Die Liebe vervollkommnet den Glauben, und der Glaube vervollkommnet die Liebe. Daher ist das Gebet für die Schwestern von Mutter Teresa so wichtig. Das Umsetzen, die Umwandlung des Glaubens in Liebe geschieht dann im Dienst an den Ärmsten der Armen. Mutter Teresa hat dies folgendermaßen auf den Punkt gebracht:

„Weil wir Christus nicht sehen können, können wir ihm nicht sagen, wie sehr wir ihn lieb haben. Aber unseren Nächsten sehen wir und für ihn können wir tun, was wir so gern für Christus täten, wenn er sichtbar wäre.“

Alles also beginnt im Leben der *Missionarinnen der Nächstenliebe* mit dem Gebet. Aber auch für uns Mönche oder für dich! Wie wichtig wäre es für dich, wenn DU täglich Zeit mit Gott im Gebet verbringen würdest? Wie rettend wäre das für unsere Ehen und Familien, damit in ihnen Glück und Frieden herrschen! Mutter Teresa sagte:

„A family that prays together, stays together. Eine Familie, die zusammen betet, bleibt zusammen."

Sprich also mit Gott, fang damit an! Wenn eine Familie eins ist im Gebet, wie viel Liebe und Friede kann dann dort zuhause sein!

Von Mutter Teresa können wir auch lernen, wie man Maria über alles lieben kann. Sie vertraute sich selbst und alle Menschen der Gottesmutter an. Auch ihre Berufung verdankt sie einem Impuls Mariens. Als sie 1946 den Ruf Christi hörte (*„I thirst"*), den Ärmsten der Armen in Kalkutta zu dienen, musste sie ihr heimatliches Kloster der Loretoschwestern in Bengalen, die *„Sisters of the Blessed Virgin Mary"*, verlassen.

Durch Maria und den Rosenkranz sah sie sich zu diesem ungewöhnlichen Weg inspiriert. Den Impuls dazu gab ihr der im Lukasevangelium berichtete Besuch der mit Jesus schwangeren Jungfrau Maria bei ihrer ebenfalls schwangeren Verwandten Elisabeth:

„Nach einigen Tagen machte sich Maria eilends auf den Weg. Sie eilte in eine Stadt im Bergland von Judäa. Sie ging in das Haus des Zacharias und begrüßte Elisabeth. Als Elisabeth den Gruß Marias hörte, hüpfte das Kind in ihrem Schoß. Da wurde Elisabeth vom Heiligen Geist erfüllt und rief mit lauter Stimme: ‚Gesegnet bist du mehr als alle anderen Frauen und gesegnet ist die Frucht deines Leibes.'" (Lk 1,39–42).

Diese Worte, die in das betrachtende Gebet des Rosenkranzes eingegangen sind, haben das Herz von Mutter Teresa getroffen. Dem Beispiel, das Maria hier gegeben hat, wollte Mutter Teresa nacheifern.

„Maria ist das schönste Geschenk an die Menschheit", sagte sie oft, *„in dem Augenblick, als Jesus in ihr Leben eintrat, wurde sie von der Gnade erfüllt. Unverzüglich und eilend machte sie sich auf, um ihn anderen zu geben. Wenn also Jesus in dein Leben eintritt, dann musst du ihn eilends anderen weitergeben."*

Das Eilen Mariens hinaus in die Welt zu den Menschen, auf die Jesus dürstend wartet, das hat Mutter Teresa als ihre ureigene Berufung erkannt. Maria war deswegen so vorbildhaft für die Nonne, weil sie die Liebe, die sie durch den Heiligen Geist empfangen hatte, sofort weiterschenkte. Die selige Ordensfrau sagte über Maria:

„Die Frucht ihrer Einheit mit Christus, die Frucht ihres Gebetes, die Frucht ihrer völligen Hingabe an Gott, liegt in ihren Worten: ‚Siehe, ich bin die Magd des Herrn, mir geschehe, wie du gesagt hast‘... Genau das erwartet der Herr auch von dir und von mir.“

Wenn wir in der Heiligen Kommunion den *Leib Christi* empfangen, dann sind wir wie Maria auch „voll“ von Gott, von Jesus. Wir tragen Jesus in unserem Leib umher, wie es einst Maria getan hat. Was hindert uns denn nun, uns aufzumachen und Jesus in die Welt hinauszutragen? Auf, auf! Bringen wir ihn doch eilends zu den Anderen!

Ich frage: Können die Menschen, die zu Hause, am Arbeitsplatz oder sonst wo mit uns in Kontakt kommen, Jesus in uns sehen? Strahlt das Licht Jesu in uns und durch uns auf die Anderen aus? Oder besteht der Unterschied zwischen uns und Maria darin, dass sie sich „eilends“ aufmachte und wir in faulem Nichtstun versinken?

Rom und Priesterweihe

Ein unerwarteter Weg nach Rom

Sehr zu meiner eigenen Überraschung wurde ich 1973, nach meiner Einfachen Profess, von meinem Abt Franz Gaumannmüller († 1990) zum Studium nach Rom geschickt. Man brauche schlichtweg jemanden, der Liturgie studiere, hieß es. So verabschiedete ich mich vom Wienerwald.

Mein Herz pochte heftig bei der Abreise, denn es ging ja nach Rom, in diese faszinierende Ewige Stadt, in das Herz der katholischen Weltkirche. Italienisch, Spanisch, Portugiesisch, Französisch, Englisch, Vietnamesisch oder Deutsch – in Rom hört man nicht nur fast alle Sprachen der Welt; in Rom trifft man auch Christen aus fast allen Ländern der Welt. Auf irgendeinem Weg weiß man sich aber stets zu verständigen.

Als ich im *Collegio Internazionale* der Zisterzienser am Aventin ankam, herrschte dort gerade eine große Dürreperiode. Lediglich zwei andere junge Mönche wohnten mit mir in diesem großen Haus: Andreas Range, heute Abt der Zisterzienserabtei Marienstatt im Westerwald/Deutschland, und Gabriel Lobendanz aus dem Zisterzienserstift Stams/Österreich. Erst später kamen viele neue Studenten hinzu.

Dieses Generalhaus unseres Ordens unterstand damals dem fast 70-jährigen Generalabt Sighard Kleiner, einen Mann, der wegen seiner hängenden Augenlider und seiner dunklen Hornbrille einen etwas strengen oder prüfenden Eindruck machte. Er hatte als Konzilsvater beim Zweiten Vatikanischen Konzil fungiert. Seine strenge monastische Richtung brannte sich ganz positiv in mein Gedächtnis ein.

Ich spürte einfach, dass das Leben als Mönch zu mir 23-Jährigem einfach passte. Ich trug gern die *Corona*, die kreisrunde, kronenförmige Haartracht, war begeistert von den schönen Kapuzen und dem Ledergürtel, der zur täglichen Kleidung gehörte, in Österreich aber verpönt war. Manche hätten sich wegen der vielen Regeln vielleicht eingeengt gefühlt – für mich waren sie einfach ein normaler Teil des Alltags.

Wollte man in die Stadt fahren, um etwas zu erledigen, musste man natürlich um Erlaubnis fragen. Manchmal erhielt man dann einen Fahrschein für den Hinweg, der Rückweg war dann aber zu Fuß anzutreten. Manchmal bekam man auch zwei Fahrscheine mit auf den Weg, was allerdings nicht der Großzügigkeit unserer Oberen zuzuschreiben war.

Unsere Oberen wollten einfach verhindern, dass sich die jungen Mönche zu lange „in der Welt" aufhielten. Rom ist ein schönes und vielleicht auch verführerisches Pflaster. So wollte man, abgesehen von den geregelten

Ausgangszeiten an Sonntagen, die Kontakte mit der Außenwelt für uns junge Mönche auf ein Minimum beschränken.

Wir hatten schließlich neben den vielen Gebetszeiten am Tage auch ein anstrengendes Studium zu absolvieren. Vormittags stand oft christliche Archäologie und nachmittags eben Liturgiewissenschaft auf meinem Stundenplan. Wenn wir an Festen auf dem Petersplatz mit dem Heiligen Vater teilnehmen konnten, dann waren das natürlich die Höhepunkte unserer Zeit in Rom.

Das Zusammensein mit den Italienern genossen wir allemal. Im Vergleich zu uns etwas schwermütigen Österreichern sind diese Südländer viel affektiver, lebendiger und herzlicher. Einmal fuhren wir nach Assisi, dem Heimatort des heiligen Franziskus. Dank meines Mönchhabits wurde ich sofort bei einer Familie aufgenommen.

Man bot mir auch gleich ein Bett für die Siesta an, weil ich, von der Reise kommend, wohl sehr müde wirkte. Dann tischte die Familie ganz groß für mich als Überraschungsgast auf. Diese freundliche Mentalität, Offenheit und Dialogfähigkeit war so ansteckend, dass ich im Umfeld der Italiener jegliche Ängstlichkeit und Menschenscheu verlor.

Von Papst Paul VI.
zum Priester Gottes geweiht

Ganz unerwartet rückte meine Priesterweihe immer näher. Papst Paul VI. hatte ein Schreiben an Bischöfe in aller Welt gerichtet, sie mögen Weihekandidaten für das Jahr 1975 benennen. Denn der Heilige Vater wollte am 12. Jahrestag seiner Papstkrönung und anlässlich seines 55-jährigen Priesterjubiläums in einer großen Zeremonie Diakone aus aller Welt zu Priestern weihen.

Das päpstliche Schreiben war auch an alle österreichischen Äbte ergangen. So wurde ich von *Abt Franz Gaumannmüller* als Weihekandidat benannt. Als ich davon erfuhr, gab ich zu bedenken, dass ich die Ewigen Gelübde als Mönch noch nicht abgelegt hatte, die ja eine Voraussetzung für die Priesterweihe seien.

„Dann werden wir in Rom ansuchen, dass Du sie vorziehen darfst", antwortete der Abt. So legte ich nach Erhalt der Dispens zu Ostern 1975, etwas vor Ablauf der drei Jahre, am 31. März 1975 die Ewigen Gelübde in der Heiligenkreuzer Stiftskirche ab. Am *Weißen Sonntag*, dem 6. April 1975, erfolgte dann meine Weihe zum Diakon durch Erzbischof *Josef Schoiswohl*, der zu diesem Zeitpunkt bereits als Bischof von Graz-Seckau emeritiert war.

Ganz ungetrübt war die weltweite Reaktion auf die Einladung des Papstes übrigens nicht gewesen, wie ich berichten muss. Das Verbot der „Anti-Babypille" durch Rom hatte mancherorts in der Kirche den sogenannten *Antirömischen Affekt,* wie es der Theologe Hans Urs von Balthasar genannt hat, ausgelöst. Papst Paul VI. erschien geradezu als Gegenpol zum modernen, autonomen und aufstrebenden Menschen, weshalb einige Priesterkandidaten als Zeichen ihrer Missbilligung mancher vatikanischen Entscheidung entweder nicht nach Rom kommen wollten oder dort eben auch nicht registriert wurden.

Meine Hindernisse zur Priesterweihe waren zwar aus dem Weg geräumt, aber auch in Rom war man vorsichtig geworden bezüglich der Kandidaten. Besonders bei Bewerbern aus dem Ausland war man besorgt, ob sie wirklich gläubig und dem kirchlichen Lehramt gehorsam waren. Zur Feststellung dieser beiden Eigenschaften musste auch ich mich einer Weiheprüfung unterziehen.

Die Befragung fand im Vikariat von Rom statt. Die Prüflinge betraten einen großen Saal, in dem die italienischen Monsignori, die Ehrenprälaten des Papstes, mit strenger Miene saßen. Die Prüfer fragten Grundlegendes ab, beispielsweise, ob man die Wandlungsworte auf Lateinisch auch beherrschte.

Doch wie sollte man Glaubenstreue überprüfen? Einige Jahre zuvor hatte sich der Schweizer Theologe und Professor für Ökumenische Theologie, Hans Küng, in seinem Buch *Die Kirche (1967)*, kritisch über die Priesterweihe geäußert. Er hatte behauptet, dass es keinen Wesensunterschied zwischen dem gemeinsamen Priestertum aller Getauften und dem besonderen Weihepriestertum als Sakrament gebe. Wegen seiner vielfachen Irrlehren wurde ihm schließlich 1979 von der Deutschen Bischofskonferenz die kirchliche Lehrerlaubnis entzogen.

So lag die erste Frage an mich auf der Hand: *„Sie kommen aus Österreich. Stimmt es, dass wir alle Priester sind?"* Allein der Unterton verriet natürlich die „richtige" Antwort, die über die Teilnahmeberechtigung an der Weihe entschied. Doch ich antwortete nicht aus Gefälligkeit, sondern mit klarer Überzeugung:

„Nein. Es gibt ein gemeinsames Priestertum aller Getauften und es gibt ein besonderes Priestertum, bei dem der Priester Stellvertreter Christi, des Hauptes der Kirche, ist und die anderen die Glieder der Kirche sind."

„Va bene! Das passt!", schloss Monsignore Berti die Prüfung ab, lehnte sich zu seinem Sitznachbarn und versicherte: *„Er ist einer, der glaubt!"* So wurde ich zu den anderen anwesenden Prüflingen weiter gewunken, in der Gewissheit, den gleichen Glauben und ein gemeinsames Wissen über die Wahrheit zu haben. Wir

nickten uns gegenseitig zu, und einigen lag vielleicht der Satz auf den Lippen: *„Endlich einer, der aus dem deutschen Sprachraum kommt und noch echten Glauben hat."*

Der Tag der Priesterweihe, der 29. Juni 1975, kam näher. An diesem Tag gedenkt die Kirche der heiligen Apostel Petrus und Paulus, die an einem 29. Juni Mitte der 60er Jahre des ersten Jahrhunderts gemeinsam den Märtyrertod in Rom starben. Die Ankleidung der Weihekandidaten fand ganz oben im Vatikan in der *Cappella Matilda* unter Anleitung des Zeremoniärs des Papstes, Monsignore *Virgilio Noé*, statt.

Wir 359 Weihekandidaten schritten dann die *Scala Regia,* eine wunderschöne, von *Gian Lorenzo Bernini* erneuerte barocke Treppe, hinab, sodass wir auf den Petersplatz gelangten. Eine richtige Postkartenidylle erlebten wir hier. Wegen der alphabetischen Anordnung der Kandidaten war ich aufgrund meines Nachnamens, der bekanntlich mit einem „V" anfängt, in die letzte Reihe eingeordnet worden.

Als wir uns mit dem Gesicht zum Boden legen sollten, wie es bei einer Priesterweihe seit Anfang der Kirche üblich ist, berührte ich mit meiner Stirn die Schuhsohle des Kandidaten, der direkt vor mir lag. Ich konnte daher mit meiner Stirn nicht den Boden berühren, wie es vorgesehen war. Glücklicherweise überprüfte Monsignore Noé noch einmal die Reihen und gab meinem Vordermann mit dem Vornamen *Malcolm* die Anweisung *„Sdraiate le gambe! Spreize die Beine auseinander!"*

25 Jahre später kam ein Kardinal und Erzbischof aus Sri Lanka zu einem Besuch nach Heiligenkreuz. Er hieß *Malcom Ranjith* und bat unseren Abt um eine Gründung in Sri Lanka, dem früheren Ceylon. Der Bischof wollte Studenten an unsere Hochschule in Heiligenkreuz schicken, um sie theologisch ausbilden zu lassen. Unser Abt stimmte dieser Bitte zu und stellte dann den Erzbischof uns Mönchen vor. Wir unterhielten uns kurz und kamen schnell auf die Priesterweihe zu sprechen. *„Ich wurde auch 1975 in Rom geweiht",* erzählte Ranjith.

Wenn der Name mit „R" beginnt, kann er ja nicht so weit von mir platziert gewesen sein, schoss es mir durch den Kopf. Ich wiederholte die mir eingeprägten Worte *„Sdraiate le gambe",* da umarmte mich Malcom Ranjith aufs Herzlichste, denn vor 25 Jahren war er selbst es gewesen, der direkt vor mir gelegen hatte und den der Monsignore aufgefordert hatte, seine Beine zu spreizen, damit ich mit meiner Stirn den Boden berühren konnte. An der Ausbildung der Seminaristen aus Sri Lanka, die dann in ihrer Heimat zu Priestern geweiht wurden, war ich dann als Professor für Liturgiewissenschaft an unserer Hochschule in Heiligenkreuz maßgeblich beteiligt.

Ein anderer unserer Weihekandidaten in Rom erlebte allerdings einen tragischen Schicksalsschlag. Fünf Tage vor der Weihe war der Flug der Eastern Airlines mit der Nummer 66 und 124 Personen an Bord bei stürmischem Wetter im Landeanflug abgestürzt und in Flammen aufgegangen. Seine Eltern und zwei seiner Onkel waren bei dem Flugzugabsturz ums Leben gekommen. So wurde dieser arme Kandidat, der gleich vier Verwandte verloren hatte, von der Weihe zurückgerufen. So konnten nicht, wie ursprünglich geplant 360, sondern nur 359 Männer geweiht werden.

Am Weihetag strahlte die Sonne vom Himmel und glücklich erlebte ich alles, was um mich herum geschah. Meine Eltern und mein Bruder Karl waren aus Wien angereist. Sie freuten sich, die Priesterweihe ihres Sohnes und Bruders mitzuerleben. Bis zum Beginn der Zeremonie war allerdings für uns eine längere Wartezeit zu überbrücken.

Daher bestand reichlich Gelegenheit, mit einigen der Weihekandidaten ins Gespräch zu kommen, so auch mit *Pater Tomáš Týn*, einem Dominikanermönch aus Brünn. Aufgrund unserer aus Tschechien stammenden Nachnamen, die aus den an der Brust befestigten Namensschildern schnell zu erkennen waren, kamen wir schnell ins Gespräch. Genauso wie ich war auch Tomáš Týn der Sohn eines Arztes. Seine Eltern waren vor den Kommunisten nach Deutschland geflohen. Er erzählte, dass er sein Leben bei der Priesterweihe der

Mutter Gottes aufopfern und schenken wolle: *„Ich bin ganz Dein, meine Königin, meine Mutter, und alles, was ich habe, ist Dein"*, so würde er beten.

Ich antwortete ihm, dass ich diese Weihe an Maria nach dem *heiligen Ludwig Maria Grignion von Montfort* auch gemacht hätte und mit ihm zusammen beten würde. Er freute sich über diese Gemeinsamkeit sehr. Er fügte hinzu, er wolle in besonderer Weise dafür beten, dass Tschechien vom Kommunismus befreit werde. So opferten wir beide uns gemeinsam für den Osten Europas auf.

In Zweierpaaren traten nun die Kandidaten zur Heiligen Priesterweihe vor den Papst, um das Sakrament zu empfangen. Eine Reihe hinter Tomáš Týn schritt ich gemeinsam mit einem afrikanischen jungen Mann zur Weihe, der Jahre später bei Unruhen in Ruanda als Bischof das Martyrium erleiden sollte. Obwohl die ausdeutenden Riten der Weiheliturgie von Kardinälen übernommen wurden, dauerte die Messe ganze vier Stunden lang, da ja immer nur zwei Personen gleichzeitig die Weihe empfangen konnten.

Genügend Zeit also, um in diesem einmaligen und bedeutungsvollen Moment meines Lebens, wo eine Verwandlung meiner menschlichen Person zum Diener Gottes und zum Priester des Herrn geschah, zu beten.

Eine Vision
während meiner Priesterweihe

Erstaunlich und für mich ganz überraschend schenkte mir Gott in dieser Zeit auf dem Petersplatz eine Vision, wie sie einst in ähnlicher Weise die *heilige Mechthild von Hackeborn,* eine Zisterzienserin und Mystikerin aus Thüringen, im Mittelalter erfahren hatte.

In dieser Vision sah ich unseren Herrn Jesus Christus persönlich, in realer Weise über dem Weihealtar. Er bedeckte mich, den Papst und die von Ihm gewandelte (konsekrierte) Hostie mit Seinem Mantel. Dann wurde die Hostie samt den Priestern in das Herz des Herrn hineingezogen und in Ihn hineinverwandelt.

Ich habe diese Vision so interpretiert und verstanden, dass der Herr selbst uns neugeweihte Priester in Sein Herz hineingezogen, in sich hineinverwandelt und wie eine Hostie gleichsam verzehrt hat. Als ich am Tage darauf in der Krypta von St. Peter (Confessio) am Grab des heiligen Petrus meine erste Messfeier feiern durfte, erschien mir diese Vision erneut. Ich betete daher: *Jesus, verzehre mich wie eine Hostie!*

Meine Eltern blieben nach der Weihe noch einige Tage in Rom. So konnten wir einige Messen zusammen feiern, beispielsweise in der großen Basilika *Santa Maria Maggiore.* Diese berühmte Kirche ist der seligsten Gottesmutter Maria geweiht. Dort sind Teile der originalen Geburtskrippe aus Bethlehem ausgestellt und werden von den Gläubigen verehrt. Dort hatten wir die schöne Gelegenheit, die Schwestern zu besuchen, die für mich die Patene und den Kelch hergestellt hatten, die jeder Priester traditionell zur Weihe geschenkt erhält: *Pie discepole del Divin Maestro, Via Portuense* ist dort eingraviert.

„Das Maß der Liebe ist die Liebe ohne Maß", diesen Vers des heiligen Bernhard von Clairvaux wählte ich als Leitmotto zu meiner *Primiz* am 6. Juli 1975 in Leopoldsdorf bei Wien. Als Primiz wird die erste Heilige Messe bezeichnet, die ein neugeweihter Priester üblicherweise in seiner Heimatgemeinde feiert. Ein solcher Gottesdienst wird, gerade in ländlichen katholischen Gegenden, als ein ganz großes Fest begangen.

So sieht man auf den Fotos von damals eine große Schar von Menschen, die von überall her herbeigeströmt waren. Die Enkelin von meinem Onkel Rudi, Sissi Vošický, durfte das Amt der Primizbraut übernehmen, strahlte mit ihrem weißen Kleidchen in die Kameras und sprach am Kirchentor ein Gedicht.

Die Primizpredigt hielt *Pater Gabriel Lobendanz*, Zisterzienser aus dem Stift Stams in Tirol, der mit mir zusammen in Rom studiert und im Generalshaus gelebt hatte. Unter den Primizgästen war auch ein junger Mann namens *Czeslaw Kozon*. Er hatte an der Päpstlichen

Universität Gregoriana und der Lateranuniversität in Rom studiert und war von Arnold Metnitzer, einem gemeinsamen Freund, zur Primiz eingeladen worden.

Heute ist Czeslaw Kozon Erzbischof von Kopenhagen, der Hauptstadt von Dänemark. Vor nicht allzu langer Zeit saß er zufällig neben unserem Abt im Flugzeug. Er erkundigte sich, ob unserem Abt der Name Bernhard Vošický etwas sage? *„Ja, der ist bei uns Subprior".* *„Ich war bei seiner Primiz",* so schloss sich der Kreis.

Der Pfarrer von Leopoldsdorf, Franz Kosek, schrieb an jenem Primiztag in das Pfarrbuch: *„Nachdem unser Pater Bernhard Vošický am 29. Juni in Rom zum Priester geweiht wurde (von Papst Paul VI.), hatte er bei uns am 6. Juli die feierliche Primiz. Es war höchst eindrucksvoll. Ein einmaliges Erlebnis. Die Kirche war zum ersten Mal zu klein."*

Offenbar war der Herr Pfarrer von dieser Feier sehr beeindruckt, denn normalerweise gerieten seine Einträge ins Pfarrbuch wesentlich kürzer, so beispielsweise im September 1975: *„Gegen die Fristenlösung haben bei uns nicht viele unterschrieben – zirka 25."* Oder im November: *„Endlich funktioniert die Heizung klaglos. Nur das Öl ist teuer."*

Drei Brüder im heißen römischen Sommer

An der herrlichsten Stelle der italienischen Hauptstadt, am Aventin, dem südlichsten der sieben Hügel Roms, durfte ich für meine Doktoratsstudien Anfang der 1980er Jahre wohnen. Dies ist eine teure Villengegend, unweit des antiken Zirkus Maximus oberhalb des Tibers gelegen. Dort befindet sich das benediktinische *Collegio Sant'Anselmo*, nur wenige Schritte von der *Piazza del Tempio di Diana* entfernt, unweit vom Zisterzienser-Generalatshaus.

Nahezu paradiesisch der Garten des Collegio; dort reiften Mandarinen, Orangen, Zitronen, Nespoli und Kakifrüchte, die man sich einfach so pflücken konnte. Die ebenfalls dort untergebrachten spanischen Schwestern kümmerten sich um Küche und Wäsche. Soweit es unsere Studien zuließen, halfen aber auch wir Brüder bei den täglichen Aufgaben mit. Dann wurde bei der Arbeit immer gemeinsam gesungen.

Recht streng gestaltete sich unser mönchisches Leben in Rom. Die Nachdrücklichkeit, mit der die geltenden Regeln eingefordert wurden, empfand ich letztlich als etwas Gutes. Schließlich hatte ich diesen Weg ja freiwillig gewählt. Zerbrach beispielsweise einmal ein Teller wegen einer unachtsamen Bewegung, musste man sofort auf dem Boden des Refektoriums (Speisesaal) niederknien und auf eine Geste warten, um sich erheben zu dürfen. Die dadurch geleistete Buße drückte gleichzeitig aus, dass man beim nächsten Mal besser aufpassen würde.

Alles war gut geordnet: das Aufstehen, das Niederlegen, die Gebetszeiten und die Bibliothekszeiten. Doch im Vergleich zur ebenfalls strengen Schulzeit hatten wir uns ja für diesen Lebensweg nicht nur entschieden, sondern gingen in der Kraft des Heiligen Geistes, daher mit großer Hingabe in dieser Lebensform auf. Mein Begleiter, Generalprokurator *Abt Gregorio Battista,* war ein guter und väterlicher Italiener aus der Zisterzienserabtei Casamari in der Provinz Frosinone. Er sorgte dafür, dass ich in Rom einen Sprachkurs besuchen konnte, und unterstützte mich, wo er konnte.

Mich jungen Zisterzienser nahm der Generalprokurator auch mit dem Auto nach Assisi oder in die Abruzzen mit, um die dort lebenden Schwestern zu besuchen. Eine herrliche Bergwelt entfaltete sich dort vor unseren Augen. Ein schöner Ausgleich zur intensiven Arbeit bei den Doktoratsstudien, wenn man so oft wie möglich hinauskam und die Schönheit des Landes und seiner Menschen erleben und in sich aufnehmen konnte.

So schön allerdings, wie es in Rom und Italien war – noch einmal eineinhalb Jahre fernab der Heimat zu sein, schürte oft mein Heimweh. Auch wenn Kloster und Kirche meine neue Heimat waren, schmerzte es mich doch sehr, als mein Bruder Karl und seine Frau ihr zweites Kind – ihren ersten Sohn – bekamen und der Tag der Taufe anstand. Ich bat den Generalabt um die Erlaubnis, für das Ereignis nach Österreich reisen zu dürfen, doch die Antwort fiel ernüchternd aus:

„Nein, Sie müssen jetzt das Doktorat fertig machen, dazu sind Sie hier. Taufen kann auch jemand anderer. Fragen Sie sich: Wozu bin ich gekommen?" Natürlich musste ich dem Generalabt eingestehen, dass ich tatsächlich in Rom war, um die Studien zu Ende zu bringen. *„Eben! Die Leute erwarten das von Ihnen und Sie haben auch die finanzielle Grundlage dafür bekommen. Machen Sie es jetzt fertig!"*, nahm Generalabt Sighart Kleiner jeder weiteren Argumentation den Wind aus den Segeln. So wurde der Neffe Bernhard ohne seinen Onkel gleichen Namens getauft.

Im Nachhinein erwies sich dies doch als gute Entscheidung, weil die Doktorarbeit in einem Guss fertig wurde. Im Juli war es in diesem Sommer besonders heiß. Bei vierzig Grad und kaum Abkühlung in der Nacht saß ich an der Schreibmaschine und tippte Seite um Seite. Wenn es unerträglich wurde, füllte ich kaltes Wasser in ein Lavoir und stellte die Füße zur Abkühlung hinein.

Einmal legte ich wegen der Hitze das Skapulier ab und saß, nur mit dem weißen Habit bekleidet, an meinem Schreibtisch, als es an der Tür klopfte. Der Generalabt! Die Rüge folgte prompt: *„Das geht nicht, Sie müssen* *das Skapulier anbehalten."* Die monastische Ordnung musste also trotz brütender Hitze gewahrt werden. Verließ der strenge Generalabt das Haus, konnten die Studenten mit weniger Strenge rechnen. Da brach regelrecht Feierstimmung aus. Dann sprangen wir zur Abkühlung in den plätschernden Springbrunnen mitten im Hof, wo sich sonst nur ein paar Goldfische tummelten.

An zwei Besucher in dieser Zeit in Rom erinnere ich mich ganz besonders. Der eine war mein Mitbruder Frater Karl Wallner, der damals gerade die Zeitliche Profess abgelegt und den Plan gefasst hatte, über Ostern Rom zu besuchen. Der andere war Heinrich Heim, ein neuer Klosterkandidat und Theologiestudent aus Deutschland. Frater Karl hatte schnell erkannt, dass er mit Heinrich auf einer geistlichen Wellenlänge war, eben marianisch-eucharistisch und irgendwie zugleich geerdet.

Als die beiden den Zug nach Rom bestiegen, waren die in Wien Zurückgebliebenen einig, dass Frater Karl und Heinrich bestimmt zerstritten zurückkommen würden, weil sie doch sehr unterschiedliche Temperamente hatten. Aber genau das Gegenteil trat ein. Die beiden so Verschiedenen verstanden sich prächtig! Sie stiegen in kurzen Hosen aus dem Zug und ich, damals noch ein schlaksiger junger Mann, empfing sie in Ordenstracht und Mantel. Ich packte und umarmte die beiden, wie es meine Art ist, was Frater Karl schon gewohnt war, aber den jungen Deutschen ziemlich überraschte.

Im Laufe der nächsten Tage, besonders bei der Feier des Osterfestes, lernten wir uns näher kennen und wurden schnell „ein Herz und eine Seele". Unsere Spiritualität erwies sich als sehr ähnlich. Dass Maximilian Heim einmal Abt von Heiligenkreuz sein würde und Karl Wallner Rektor der Hochschule sowie ein gefragter Autor und Redner, ahnten wir drei damals natürlich nicht im Entferntesten!

Der spätere Abt Maximilian und Pater Karl hatten damals im Zuge ihres Besuches auch ihre erste Begegnung mit Papst Johannes Paul II. auf dem Petersplatz. Der Heilige Vater hatte das Jahr 1983 zu einem außerordentlichen Anno Santo della Redenzione, zu einem Heiligen Jahr der Erlösung, ausgerufen. Anlässlich dieser Feierlichkeiten ergab sich auf dem Petersplatz die Begegnung mit dem Papst: Gar nicht schüchtern, kletterten die beiden jungen Männer einfach über die Barrikaden. So konnten sie dem Papst ganz nahe sein und ihm über die Köpfe der anderen Gläubigen hinweg sogar die Hand reichen. Das war damals einfach der jugendlichen Begeisterung für den Papst geschuldet, die bei den beiden bis heute nicht abgenommen hat.

Pfarrer und Professor

Die Freunde des Heiligen Kreuzes

Kaum zurück von Studium und Priesterweihe in Rom, bekam ich schon 1976 als Assistent von Prof. Dr. Leopold Lentner, den Lehrauftrag für Liturgiewissenschaft an unserer Phil.- Theol. Hochschule Heiligenkreuz. Unter dem Motto *„Non scholae sed vitae discimus – Nicht für die Schule, sondern für das Leben lernen wir"* waren die Studenten zu einem spannenden Dialog aufgefordert. Frontalunterricht gab es damals nicht. Die Seminare und Vorlesungen wurden in kleinen Gruppen gehalten.

Im Laufe der Zeit ging ich an der Hochschule neben der Liturgiewissenschaft auch einige andere theologische Fächer durch: Einführung in die Moral, in die Bibel oder in die Dogmatik. *Pater Walter Schücker*, der Prior des Stiftes, der uns ja 1968 in Heiligenkreuz so herzlich empfangen hatte, war während dieser Phase eine maßgebende Quelle für meine spirituelle Prägung.

Als Beichtvater und Seelenführer stand Pater Schücker mir sehr nahe. Er erkannte in mir wohl recht schnell ähnliche Begabungen wie in sich selbst: das Beichtehören, die Seelenführung und das Halten von Vorträgen im Bereich der Erwachsenenbildung. Schnell traute er auch mir diese Bereiche voll und ganz zu.

Pater Walter Schücker leitete damals die *Gebetsgemein-schaft der Freunde des Heiligen Kreuzes*, die er 1951 mit Abt Karl Braunstorfer gegründet hatte. Er spürte Anfang der 1970er Jahre, dass sein Herz schon schwach war und ihm nicht mehr viel Zeit blieb – ein Gefühl, das sich bewahrheiten sollte. Im Jahr 1976 übertrug er mir dann, gerade mal ein Jahr nach meiner Priesterweihe, die Leitung dieser Gemeinschaft:

„Du bist nun 26, du könntest einmal einen Vortrag halten. Ich setze mich unter die Zuhörer nach hinten und höre zu", sagte er zu mir. Schon bald darauf hielt ich meinen ersten Vortrag. Im Anschluss daran korrigierte mich Pater Schücker ein wenig und zeigte auf, was besser zu machen wäre – alles in allem, das spürte ich, traute er mir etwas zu. Ein Vorgehen, das für mich bis heute sehr nachahmenswert ist und das ich bei meinen Studenten anzuwenden versuche.

So fing mein Dienst in dieser Gemeinschaft an. Dass ich dann allerdings so schnell die Leitungsaufgabe ganz allein machen musste, hatte ich nicht erwartet. Am 7. Juni 1977 erlitt Walter Schücker bei einem Seelsorgebesuch im nahegelegenen Gaaden einen tödlichen Herzinfarkt. Für die gesamte Klostergemeinschaft ein überaus schmerzlicher Verlust.

Für mich bedeutete das unerwartete Ableben meines Beichtvaters, dass sich nun sehr viele Menschen in der Beichte und der Seelenführung an mich wendeten. Die

Menschen kannten mich bereits von einigen Vorträgen; so war für viele der Übergang von Pater Schücker zu mir naheliegend. Der „alte Paradiesvogel" und der „junge Spatz", so hieß es damals unter den Leuten.

Dennoch war die Übernahme der Aufgaben dieses großen Dieners Gottes für mich wie ein Sprung ins kalte Wasser – all die Dienste, Pflichten und Aufgaben im Sinne meines Vorgängers zu verrichten, ein schweres Erbe. „*Pater Bernhard ist ein Sohn von Walter Schücker. Er hat die Gaben, die Pater Walter ihm weitergegeben hat, weiterentwickelt. Das ist dieselbe Linie*", erzählte eine Frau, die beide Patres gut kannte.

Im selben Jahr wurde mir die Aufgabe als Socius des Novizenmeisters Pater Gerhard Hradil, der später Abt von Heiligenkreuz wurde, übertragen. Für den Novizenmeister war es sicher nicht immer leicht, einen so jungen Ungestümen an seiner Seite zu haben. Er musste mich in vielen Punkten bremsen und manches einfach in Demut und Geduld ertragen.

Ein Jahr später (1978) verstarb unser Altabt Karl Braunstorfer, dessen Wesen und Wirken – aber auch sein Sterben – für mich beispielgebend waren. Der Altabt ließ mich an sein Sterbebett rufen. Ich durfte ihm die Kreuzreliquie reichen und mit ihm die Ordensgelübde erneuern. Weil Altabt Karl nicht mehr sprechen konnte, sprach ich die Formel stellvertretend für ihn.

Wir beteten die Marienweihe und erneuerten im Rahmen des Möglichen auch die Weihe an die Heiligen Engel. Stets mit dem Kreuz in der Hand. Für mich als gerade einmal 28-Jährigen waren diese Momente sehr verbindend und prägend. Ich wusste, wenn ein Abt diese Gebete sozusagen mit seinem letzten Atemzug betet, dann will ich diese Gelübde auch bis an mein Lebensende halten.

Ein Dorf wird zum Wallfahrtsort

Nach der Rückkehr aus Rom erhielt ich schon 1983 meine erste Stelle als Kaplan der Pfarrgemeinde Heiligenkreuz mit dem Kirchenrektorat Siegenfeld. Darauf folgten die Pfarrstellen in Maria Raisenmarkt, Sulz und wieder Heiligenkreuz. Die längste und prägendste Zeit war die in Maria Raisenmarkt, über die es sich lohnen würde, ein ganzes Buch zu schreiben.

In diesem kleinen Dorf mit nur einigen hundert Bewohnern schienen die Uhren gleichsam stillzustehen. Eine eigene kleine Welt hatte sich hier erhalten, positiv gesagt. In diesem „Kaff", wo sich Fuchs und Hase Gute Nacht sagten, das Telefon vom Vorgängerpfarrer Pater Wolfgang Pöschko nur einmal im Jahr benutzt worden war, würde ich unmöglich Pfarrer werden können, dachte ich.

Doch der Mensch denkt und Gott lenkt. In diese Landpfarre war schon in den 1970er Jahren ein gewisser geistlicher Schwung gekommen. Pater Beda Zilch hatte als Jugendkaplan mit dem Aufbau einer Jugendarbeit begonnen. Er stellte 1977 eine Marienstatue in der Kirche auf und rief am 11. jedes Monats eine Wallfahrt ins Leben. Raisenmarkt entwickelte sich schließlich durch die Mariazell-Pilger zur Wallfahrtsstation im Wienerwald. Der 11. jeden Monats war gewählt worden, weil dies der Erscheinungstag von Lourdes (11. Februar 1858) ist.

Im Kloster hieß es eines Tages: *„Wer geht jetzt nach Raisenmarkt?"* Abt Gerhard kam vom Chorgebet aus der Stiftskirche heraus und gab mir die Hand mit den Worten: *„Weißt du es eh schon? Du wirst Pfarrer in Raisenmarkt!"* Ich antwortete: *„Nein, ich weiß nichts."* *„Ist es dir recht?"*, fragte der Abt mich eilig. *„Was ist, wenn es mir nicht recht ist?" „Dann muss es dir recht sein!"* Damit war die Sache erledigt. So wurde ich von 1988 bis 1998 Pfarrer in Raisenmarkt.

Vielleicht stellt man sich solch eine Ernennung romantisch-feierlich vor, doch es gab keinen großen Akt. In meinem Zimmer wartete schon Pater Markus Rauchegger, der damals als Kämmerer für die hausinternen Angelegenheiten zuständig war – heute ist er Hauptökonom des Stiftes. Er fragte mich, wieso ich denn noch hier wäre, nicht längst mein Zimmer ausgeräumt hätte und umgezogen sei. So sah ich zu, dass ich schnellstens in meine neue Gemeinde kam.

Der Einzug dort gestaltete sich abenteuerlich. Das Pfarrhaus war in einem desolaten Zustand. Als der erste Schnee fiel, wachte ich unter einer mit Schneeflocken „angezuckerten" Bettdecke auf. Zusätzlich war das Wasser eingefroren und die Heizung defekt. Einer meiner ehemaligen Studenten, Mag. Josef Kantusch, half freundlicherweise beim Schneeschaufeln und dem notwendigen Abdichten des Hauses.

Schließlich kam der Zentraldirektor des Stiftes, Pater Adalbert Diehl, herbei. Er nahm den Zustand des Hauses in Augenschein und schnell wurde klar, dass etwas unternommen werden musste. Der Pfarrhof wurde renoviert und eine neue Heizung installiert, die dann auch treu ihre Dienste verrichtete. Meine neue Heimat für die nächsten 10 Jahre blieb immer ein wenig abenteuerlich, aber letztlich schön.

Mein erster Pfarrbesuch galt einer alten Frau, die mit ihrem geistig zurückgebliebenen Sohn in Blickweite zum Pfarrhof wohnte. Sie freuten sich sichtlich, dass der neue Pfarrer als Erstes zu ihnen kam. Viele Raisenmarkter wunderten sich in der Folgezeit, dass ihr Pfarrer die Menschen auf so einfache Weise annahm. Doch diese Haltung war nicht von selbst gekommen.

Auf einer Reise in den Marienwallfahrtsort Lourdes hatte ich meine Sorgen bezüglich der anvertrauten Pfarrgemeinde vor die Gottesmutter Maria hingelegt. Prompt bekam ich die Antwort: *„Du musst sie alle lieben."* Daraufhin habe ich jedem in der Pfarre eine Karte geschrieben; da waren alle etwas sprachlos, und die Stimmung der Bevölkerung gegenüber dem Pfarrer wendete sich zum Positiven.

Etwa ein halbes Jahr nach meinem Einzug rief mich am Gründonnerstag 1989 eine Bäuerin aus dem Dorf aufgeregt an: *„Herr Pfarrer, kommen'S schnell. Unsere Kuh steht nicht auf und das Kalb liegt drunter. Das Kalb*

kann nicht trinken, wenn die Kuh nicht aufsteht! Finden'S
eh rauf? Das letzte Haus oben in Gutental." Bis dahin war
ich noch nicht bis dorthin gekommen, also beschrieb
die gute Frau mir geschwind die schnellste Fahrtroute.

Gelinde gesagt, war ich erstaunt, in einem solchen Fall
gerufen zu werden, wo ein Tierarzt normalerweise
die richtige Ansprechperson gewesen wäre. Weil ich
keine bessere Idee hatte, wie der Bäuerin zu helfen
wäre, schnappte ich mir Weihwasser und Gebetbuch
und fuhr über die noch verschneiten Straßen, wo es
steil bergauf in das nur wenige Kilometer entfernte
Gutental ging.

Die Lage im Kuhstall hatte sich nicht gebessert. Kuh
und Kalb lagen auf dem Boden. Die beiden Enkelinnen
der Bäuerin standen daneben und versuchten das Tier
zum Aufstehen zu ermutigen. Doch nichts half. Sollte
die Mutterkuh namens *Lisi* sterben, würde das Kalb
auch nicht durchkommen. Ein wirtschaftliches Drama
für diese arme Bauernfamilie Peleritzer.

Da nahm ich das Weihwasser und segnete *Lisi*. Weil es
nun für mich nichts weiter zu tun gab, stieg ich wieder
ins Auto und fuhr zurück nach Raisenmarkt. Kaum
war ich bei der Tür hereingekommen, läutete das alte
Telefon. Die Bäuerin am anderen Ende der Leitung
war außer sich: *„Die Kuh steht und das Kalb trinkt. Drei
Tierärzte haben das nicht zusammengebracht.*" Ich hatte

gar nicht gewusst, dass die Frau schon drei Tierärzte konsultiert hatte, war aber natürlich hochzufrieden über die Nachricht.

Da Gründonnerstag war, stand für den Abend eine Heilige Abendmahlsmesse an. Im Pfarrhof warteten einige Bauern und zogen ihre Hüte, als ich an ihnen vorbei in die Kirche ging. Sehr zu meinem Erstaunen fand ich randvolle Kirchenbänke vor. Ein unbehagliches Gefühl machte sich bei mir breit: Was um Himmels Willen war passiert?

Hatte ich mir etwas zu Schulden kommen lassen und musste nun gehen? Da kam auch schon der erste Landwirt auf mich zu und murmelte: *„Wissen Sie, wir haben gedacht, Sie kennen sich als Wiener Stadtmensch in der Landwirtschaft und Viehzucht nicht aus, aber Sie sind ja Experte."* Die Nachricht von der aufgestandenen Kuh hatte sich wie ein Lauffeuer verbreitet, und der neue Pfarrer, aus der Wiener Stadt abstammend, war ein gefeierter Held.

Der Bezirksbauernbundobmann kam sogar zu mir und sagte: *„Na, vielleicht können wir mal Bruderschaft trinken. Per du."* Auf ganz unverhoffte Weise war ich den Raisenmarktern nahe gekommen, die wiederum ihre Wertschätzung auf ihre Art zeigten. Am darauffolgenden Sonntag rief die Frau des Bezirksbauernbundobmannes an, um sich beim Pfarrer für ihr Fernbleiben vom Gottesdienst zu entschuldigen: *„Die Kuh schüttet* *aus. Sein'S mir nicht bös. Der Herrgott wird es mir schon verzeihen."* Eine solche Abwesenheitsentschuldigung war mir bis dahin noch nie untergekommen.

Ich erkannte nun den besonderen Wert der Verbindung mit den Menschen in diesem Dorf, wo ich niemals hatte landen wollen. In Raisenmarkt war ich als Pfarrer vieles: Beichtvater und Priester, Kommunikationsfigur, Vermittler, Hüter des Wahllokals, Betreiber des Dorfwirtshauses und manchmal auch der Totengräber. Regionale Tagesereignisse und einschneidende Weltereignisse prägten sich in diese 850-Seelen-Gemeinde ein.

Auseinandersetzungen wie den Zweiten Golfkrieg oder die Balkankriege erlebte man aus der Ferne und im Kollektiv. In einem Jahr wurde der Pfarrball einmal kurzfristig wegen der erschütternden Ereignisse im Ausland abgesagt und stattdessen ein Gebetsabend organisiert.

Als die Abstimmung über die Mitgliedschaft Österreichs in der Europäischen Union (EU) bevorstand, las ich mir die Maastricht-Verträge durch und äußerte meine Bedenken gegenüber der „Mammon-EU". Ich empfand, dass es mehr um Geld als um die Interessen des Einzelnen ging. Daraufhin zog ich mir eine Rüge der Politik zu. Ich wurde als konservativer Pfarrer abgestempelt, der nichts von Wirtschaft und Politik versteht. Heute denke ich, dass ich nicht ganz Unrecht hatte und meiner Verantwortung nachgekommen war.

Im Wirtshaus wurde über alles geredet, wurden Neuigkeiten ausgetauscht, Pläne geschmiedet, über Politik und das Weltgeschehen philosophiert, über Gott und die Welt gesprochen und getratscht. Dass sich dort auch Nachbesprechungen der Messe entwickelten, das kam so: Ein Mann saß in der Kirche stets ganz hinten. Man sah ihm an, dass er bei der Predigt immer besonders aufmerksam war. Nach der Messe ging er schnurstracks ins Wirtshaus. Wenn ich dort ankam, erwartete der gute Mann mich schon mit einer Analyse der Messe. Sofort kamen wir ins Gespräch; auch andere beteiligten sich an der Diskussion. Gleichgültig, ob es ihnen besonders gut gefallen hatte oder die Worte des Pfarrers sie verärgert hatten, es kam immer etwas bei diesen Nachbesprechungen heraus, halt als lebendiges Feed-Back.

Ein neuer Ortsname für Raisenmarkt

Die vielen Fuß- und Radwallfahrer, die auf ihrem Weg nach Mariazell durch Raisenmarkt kamen, wollte ich stets auf besondere Weise begrüßen. So ließ ich immer die Glocken läuten, wenn ich wusste, dass die Fuß-Wallfahrer nicht mehr weit entfernt waren. Zwischen April und Oktober kamen sie in die Kirche, beteten, blieben vielleicht noch ein wenig mit ihrem Jausenpaket zur Rast sitzen und machten sich dann weiter auf den Weg.

Eine Pilgergruppe nach der anderen wurde auf diese Weise aufgenommen. Über die Jahre entstand zu vielen, die regelmäßig kamen, eine engere Verbindung. Der Strom der Wallfahrer blieb nicht ohne Folgen für unseren kleinen Ort. Im Jahr 1987 wurde unsere Kirche vom Wiener Erzbischof *Hans Hermann Kardinal Groër* zur Wallfahrtskirche erhoben.

Das nahm ich zum Anlass, mich bei den politischen Gremien dafür einzusetzen, dass dem Ortsnamen „Raisenmarkt", wie bei Marienwallfahrtsorten in Österreich üblich, der Zusatz „Maria" beigefügt würde. Die Bevölkerung hat dieses Bemühen mit Freude mitgetragen! Zwei Jahre später hatten wir Erfolg. Im Sommer 1989 hielt ich folgendes Schreiben der Niederösterreichischen Landesregierung, datiert vom 17. Juli 1989, in der Hand, das lautete:

*„Die Niederösterreichische Landesregierung hat den ein-
stimmigen Beschluss gefasst, dass der Ort Raisenmarkt von
jetzt an Maria Raisenmarkt heißt. Gegen diesen Rechtsakt
ist kein Rechtsmittel zulässig."*

Mit dem Bescheid in der Hand ging ich sofort in die
Kirche, stellte mich vor die Mutter-Gottes-Statue, hielt
ihr das Schreiben hin und sagte: *„Schau, gegen Dich
Immaculata, gegen Dich Unbefleckte, ist kein Rechtsmittel
zulässig!"* Der kleine Ort, der eigentlich bisher keine
große Bedeutung gehabt hatte, wurde so zu einer großen Würde erhoben.

Das Kleine ist oft sehr wertvoll. Das muss man in
unserer Zeit sehr betonen. So mussten alle Ortstafeln,
die Schilder und Fahrpläne der ÖBB-Autobusse, die
Aufschrift der freiwilligen Feuerwehr, die Telefonbü-
cher – alles musste umgeschrieben werden, um der
Namensänderung Rechnung zu tragen. Die Mutter
Gottes war sozusagen in die Mitte des Ortes eingezo-
gen: Maria Raisenmarkt.

Eine Wallfahrt ganz anderer Art erlebten wir in unserem Dorf durch die Balkankriege, insbesondere den
Bosnienkrieg (1992–1995), der das sonst so ruhige
Maria Raisenmarkt nicht unberührt ließ. Viele Flüchtlinge suchten in Österreich Schutz und fanden ihn
unter anderem auch in Weissenbach an der Triesting,

in Neuhaus und in unserem kleinen Ort. Leer stehende Gebäude wie das alte *Curhotel d'Orange* oder das *Hotel Stefanie* wurden in Flüchtlingsheime umfunktioniert.

Einige engagierte Helfer der Legion Mariens und ich als Pfarrer besuchten die Flüchtlinge regelmäßig, verbrachten Zeit mit ihnen und schenkten ihnen Bibeln in ihrer eigenen Sprache. Viele der bosnischen Moslems lasen nun in der Heiligen Schrift. Insgesamt 40 von ihnen empfingen in der Folgezeit das Sakrament der Heiligen Taufe und wurden Christen.

Nicht ganz unkompliziert gestaltete sich das Zusammenleben der Flüchtlinge mit den Einheimischen. Kleinere Probleme gab es beispielsweise, wenn wir bei den Monatswallfahrten Frankfurter-Würstel verteilten. Da hatten einige der Muslime, die sich gerade in der Taufvorbereitung befanden, natürlich Probleme mit dem Schweinefleisch in den Würsten...

Auch Kardinal Groër besuchte uns einmal zur Monatswallfahrt. Im Pfarrsaal kam er auf mich zu und fragte frei heraus, ob er Josef Kantusch, meinen ehemaligen Studenten, zum Priester weihen solle. Ich sagte: „*Selbstverständlich!*" Ich kannte Josef Kantusch ja gut und schätzte ihn sehr. Unvergessen war natürlich, wie er mir in meinem ersten kalten Winter im undichten und bitterkalten Pfarrhaus tatkräftig zur Seite gestanden war.

Darüber hinaus nahm Josef regelmäßig an unseren Monatswallfahrten teil. Der alleinstehende Bauer aus Klausen-Leopoldsdorf engagierte sich zudem als Ministrant, hatte an der Hochschule Heiligenkreuz bereits seinen theologischen Magister gemacht und die Diakonenweihe empfangen. Nun drehte sich der Kardinal zu Kantusch um und sagte: *„Josef, ich würde dich gerne zum Priester weihen."*

So empfing er wenig später im Wiener Stephansdom in Wien die Weihe zum priesterlichen Dienst. Unmittelbar danach wurde er in der Pfarre, der er selbst seit seiner Geburt und Taufe zugehörte, eingesetzt – sehr zum Entsetzen des Ordinariats am Stephansplatz, da dies absolut nicht dem Usus entsprach. Der neue Pfarrer lebte weiterhin in dem Haus, das er mitsamt dem dazugehörigen Kuhstall von seinen Eltern übernommen hatte.

Am Tag nach seiner Priesterweihe rief ich meinen Freund an und fragte: *„Servus Pepi, was hast du denn heute gemacht?"* Und er gab ganz selbstverständlich zurück: *„Na, wie immer, die Kühe gemolken."* Als vermutlich einziger Priester der Erzdiözese Wien molk der Pfarrer von Klausen-Leopoldsdorf tatsächlich weiterhin seine Kühe und bewies, dass sich beides, Pfarramt und Bauernhof, gut miteinander vereinbaren ließen.

Pfarrer Josef Kantusch hatte auf diese Weise eine unglaubliche Nähe zu den Menschen seiner Kirchengemeinde, kannte sie, mochte sie, konnte sich in ihre Arbeitswelt hineindenken und einfühlen.

Die hohe Geistlichkeit und andere Besucher

Einige Zeit später machte ein Gerücht die Runde. Ein gewisser Pater Bernhard Vošický solle Weihbischof werden. Das jedenfalls schrieb „Die Presse", eine österreichische Tageszeitung, am 10. Dezember 1994:

> „Die Gerüchte intensivierten sich, dass der Papst bald Kardinal Groërs Wunsch nach einem dritten Weihbischof in Wien erfüllen wird. Genannt werden vor allem Caritas-Präsident Schüller (42), von dem aber bekannt ist, dass er seine gegenwärtige Tätigkeit nur sehr ungern verließe, und Zisterzienserpater Dr. Bernhard Vošický (44), Pfarrer von Maria Raisenmarkt (N.Ö.), auch in der Pfarre seines Heimatstiftes Heiligenkreuz tätig."

Was war dran an diesem Gerücht? Ich wusste es nicht und war selbst erstaunt über diese Nachricht. Der genannte Gegenkandidat war übrigens niemand anderer als der 2011 durch seinen „Aufruf zum Ungehorsam" weit über Österreich hinaus bekannt gewordene Helmut Schüller, der unter anderem die Zulassung von Frauen zur Priesterweihe sowie die Aufhebung des Zölibats einforderte und damit beträchtliche Unruhe und Irritationen in der Kirche auslöste.

Aber dann entwickelte sich alles anders. Die Gerüchte um Anklagen gegen Erzbischof Hans Hermann Kardinal Groër wurden immer lauter. Schließlich überschlugen sich die Ereignisse, und ich war im beschaulichen Maria Raisenmarkt mittendrin.

Am 11. April 1995, kurz nach Ostern, besuchte uns gerade der damalige Weihbischof Prof. Dr. Christoph Schönborn anlässlich unserer Monatswallfahrt, als es einen Telefonanruf gab. Schönborn sollte in ein eigenes Zimmer geführt werden, das abgeschlossen werden musste. Als er wieder herauskam, sagte er: *„Ich brauche jetzt ein bisschen Luft."* Ich erwiderte: *„Kommen Sie bitte"*, und habe den Weihbischof erst einmal zur Madonna hinausgeführt. Schönborn war in diesem Augenblick zu nichts Geringerem als zum Erzbischof-Koadjutor mit Nachfolgerecht der Erzdiözese Wien bestellt worden. Die offizielle Ernennung erfolgte dann am 13. April 1995.

Ja, die ganze Welt, die hohe Geistlichkeit traf sich irgendwie in Maria Raisenmarkt. Einmal rief mich ein ehemaliger Mitstudent aus Rom, *Georgi Iwanow Jowtschew*, an. Ob ich mich an ihn erinnern könne, fragte er am anderen Ende der Leitung. „Ja, natürlich", war die Antwort. Gemeinsam gingen wir beide in den frühen 1970er Jahren ins sogenannte *Russikum* in Rom, wo sich das orientalische Kolleg befand. Dort sang man die herrlichen Liturgien nach *Johannes Chrysostomus* und *Basilius dem Großen*, die für die orthodoxen und katholischen Kirchen des Byzantinischen Ritus üblich sind. Ich fühlte mich in dieser slawischen Atmosphäre schon immer unheimlich wohl und liebte es, dort in altslawischer Sprache mitzusingen und mitzuwirken.

Meinen alten Freund lud ich sofort ein, in mein Pfarrhaus zu kommen. Noch am selben Tag traf Georgi ein. Da die Monatswallfahrt gerade an diesem Tag stattfand, bat ich ihn, die Messe zu übernehmen. Auf Deutsch tue er sich ein wenig schwer, antwortete er, aber wenn er die Messfeier auf Italienisch und Lateinisch halten könne, würde er es gerne machen. Ich könne ja gegebenenfalls übersetzen.

In der Sakristei nahm er einen roten Pileolus, ein kleines Scheitelkäppchen, und setzte es auf. Mir blieb der Mund vor Staunen offen stehen. *„Sag, bist du Bischof?"*, fragte ich erstaunt. *„Das weißt du nicht?"*, kam es fast ebenso erstaunt zurück. So hatte ich an jenem Wallfahrtsabend die unerwartete Ehre, den römisch-katholischen Bischof von Bulgarien als Messzelebranten begrüßen zu dürfen.

Man konnte ins Staunen kommen, wer aller sich auf dem Lande in einem so kleinen Dorf wie Maria Raisenmarkt die Klinke des Pfarrhauses in die Hand gab: Flüchtlinge, Kardinäle, Bischöfe, Pilger oder Menschen mit einer besonderen Geschichte. Einmal klingelte es an der Tür und ein Mann mit einem großen Blumenstock in den Händen stand auf der Schwelle zum

Pfarrhaus. *„Vor zwei Jahren habe ich bei Ihnen den Opferstock in der Kirche ausgeräumt, jetzt komme ich gerade aus dem Gefängnis und bringe Ihnen diesen Blumenstock",* sagte der Mann. Er hatte wegen dieses Delikts und anderer Untaten im Gefängnis eingesessen und nun den Beschluss gefasst, sich überall zu entschuldigen, wo er Unrecht begangen hatte.

An einem anderen Abend stand ein Mann mit großer, breiter Gestalt vor der Tür. *„Sind Sie der Pfarrer? Kann ich mit Ihnen reden?",* fragte er. Ein wenig eingeschüchtert vom gewaltigen Äußeren des Mannes bat ich ihn herein. Der Gast gab sich als Profiboxer zu erkennen und war extra von Wien aus aufs Land gefahren, um dort einen Priester wegen seiner Frage zu konsultieren: *„Ich war lebensüberdrüssig, habe einen Strick genommen, um die Vorhangstange geworfen und wollte mich aufhängen. Und in dem Moment sagte eine Stimme ganz tief: Du sollst nicht töten.* War das mein Schutzengel?", fragte er.

Ich griff zur Bibel und las dem unangekündigten Gast aus dem Neuen Testament vor, wie der Engel Gabriel einst zu Maria gesprochen oder wie Simon Petrus einst durch einen Engel aus dem Gefängnis befreit worden war. Dem Mann gefiel das sichtlich. Dann stellte ich ihm eine Gegenfrage: *„Warum sollte Ihr Schutzengel nicht darauf schauen, dass Sie sich* nicht *das Leben nehmen?"*

Noch einmal wiederholte der Mann: „*Das war eine ganz gewaltige Stimme, ich konnte nichts mehr tun.*" Mittlerweile hatte meine Pfarrhelferin, Schwester Rozina Mihalyi, uns beiden Kaffee zubereitet. Wir sprachen noch eine Weile, bis der Mann zufrieden zurück nach Wien fuhr. Ich durfte ihn wieder in die Kirche aufnehmen, aus deren Gemeinschaft er zuvor ausgetreten war.

Eine heikle Aufgabe – Stiftspfarrer von Heiligenkreuz

Mit großen Schritten kam das anlässlich der Jahrtausendwende von Papst Johannes Paul II. ausgerufene Heilige Jahr 2000 auf uns zu. Während einige zwischen Panik und Euphorie schwebten, gab es für mich vielfache Gründe zur Freude. Zwei persönliche Jubiläen (50. Geburtstag und 25. Weihejubiläum) standen an. Das war schon etwas Besonderes. Als Kind hatte ich mir immer vorgestellt, zum Jahrtausendwechsel ein uralter „Tattergreis" zu sein – so weit schien das Jahr 2000 noch entfernt zu sein! Und jetzt war es da und ich durfte es tatsächlich erleben.

Im Vorfeld des Heiligen Jahres begingen wir 1998 zudem das 900. Jubiläum unseres Zisterzienserordens, der 1098 entstanden war. Ein würdiger Anlass also, eine nächtliche Anbetung in unserer Kreuzkirche in Heiligenkreuz zu beginnen. Jeden ersten Freitag im Monat (Herz-Jesu-Freitag) luden wir die Gläubigen zu einer stillen Anbetung des Allerheiligsten ein. Manche kamen erst um zwei oder drei Uhr nachts, sodass die ganze Nacht hindurch in der Kreuzkirche angebetet wurde.

Auch das Angebot zur Heiligen Beichte, die Mitternachtsmesse und bald darauf auch die Jugendvigil fanden gute Resonanz. Unser Pater Beda Zilch bezeich-

nete das Jahr 2000 immer als ein religiöses Schwung-
rad und hatte Recht damit, denn die Leute kamen
zahlreich wie kaum jemals zuvor. Die Samstag- und
Sonntagabendmessen waren doppelt oder dreimal
so gut besucht wie früher; abends zur Vesper füllte
sich sogar die große Stiftskirche. Zum sonntäglichen
Konventamt kamen nicht nur Kunstinteressierte, die
den Choral hören wollten, sondern auch Jugendliche
und junge Familien.

Beobachtern bot sich ein atypisches Kirchenbild. Zwar
wurde das sprichwörtliche Rad nicht neu erfunden,
doch Vorhandenes vertieft und das Stiftsprogramm
erweitert. Die vierzehn Stationen des Kreuzwegs vor
den Toren unseres Stiftes belebten wir auf besondere
Art und Weise, indem wir an den Fastensonntagen
nachmittags im Freien den Kreuzweg zu beten begannen. Die Menschen kamen in Scharen, um bei
dieser Christusbegegnung in der freien Natur dabei
zu sein. Und zog früher das Kreuzerhöhungsfest, das
traditionell am 14. September gefeiert wird, nur einige
Dutzend Menschen an, so kamen nun gut tausend
Pilger zusammen.

Am 11. Februar 1999 wählte unser Konvent der Mönche
Pater Gregor Henckel-Donnersmarck zum neuen Abt, der
damit Gerhard Hradil ablöste. Da der neue Abt mich
für das Jubeljahr 2000 im Stift haben wollte, stand
eine große Rochade an. Pater Norbert wurde in meine

bisherige Pfarre nach Sulz versetzt, und ich kam wieder nach Heiligenkreuz, wo ich bereits meine erste Zeit als Priester verbracht hatte.

Wegen der Nähe zum Stift war die Pfarre Heiligen-kreuz gleichsam wie ein Schmelztiegel, in dem sich Ortsbevölkerung und Kirchen-Pendler aus umliegen-den Dörfern oder aus Wien, aber auch Touristen ver-mischten. In der Pfarre von Heiligenkreuz ging es weitaus weniger ländlich zu, als an meinen bisherigen Einsatzorten in Sulz oder Maria Raisenmarkt. Wegen der Verbundenheit mit dem Kloster – die Pfarrkirche liegt direkt vor den Mauern des Stiftes – dient die Kirchengemeinde als geistliche oder auch touristische Anlaufstelle. Damit muss sich dann wiederum die Ortsgemeinde arrangieren. Das sorgte immer wieder für Spannungen.

Gleichsam symbiotisch sind der Ort und das Stift miteinander über die Jahrhunderte verwoben. Dieses Zusammenarbeiten, das wechselseitige Geben und Nehmen von Gemeinde und Stift zieht sich bis in den Sonntagsgottesdienst. Wie viele österreichische Gemeinden können schon von sich behaupten, den Papst willkommen geheißen zu haben? Besonders für die ortsansässigen Stiftsangestellten konnte der Messbesuch ein Balanceakt zwischen Pflichtgefühl und Freiraum werden. Denn man darf nicht vergessen, dass unser Stift gleichzeitig der größte Arbeitgeber im Dorf und für die Umgebung ist.

Der Stiftspfarrer hatte somit stets eine heikle Position inne. Er musste zuweilen jedes Wort sorgfältig abwägen; was er sich zu Schulden kommen ließ, wurde rasch dem ganzen Konvent angelastet. Es konnte sich verheerend auswirken, in einem Familienstreit durch ein beschwichtigendes Wort scheinbar eine Partei zu ergreifen oder in einer politischen Debatte eine bestimmte Couleur erkennbar werden zu lassen. Zudem wurde ein neuer Pfarrer auch an dem gemessen, was sein Vorgänger besonders gut gemacht hatte.

Gerade ältere Menschen aus der Ortsbevölkerung standen dem Wandel, den ein Pfarrerwechsel mit sich brachte, aber auch den vielfachen Neuerungen im geistlichen Angebot des Stiftes oft skeptisch gegenüber. Die Auswärtigen bzw. „Zuag'rasten", die manchmal zwar nur aus dem drei Kilometer entfernten Gaaden, aus Mödling oder Wien kamen, wurden als Eindringlinge empfunden. Das ging so weit, dass sich einmal eine Dame über die vermeintlichen Störenfriede echauffierte, aufsprang und empört rief: *„Jetzt reicht's! Das ist mein Platz, hier sitze ich immer, seit 30 Jahren."*

Die flapsige Antwort der Frau, die sich auf den betreffenden Platz gesetzt hatte, ob denn das Besitzrecht irgendwo niedergeschrieben sei oder die Einheimische für den Platz bezahle, gab der Dame den Rest. Territorialansprüche waren in Heiligenkreuz nicht ganz ungewöhnlich. Manche Familien kamen schon seit mehreren Generationen in die Kreuzkirche und wünschten sich – oft durchaus zu Recht – Ruhe und Rücksicht in ihrem geistlichen Zuhause. Schließlich fanden wir eine Lösung durch einen Glasanbau am Eingang zur Kreuzkirche, durch den man nun sehen konnte, ob gerade ein Gottesdienst im Gange war, sodass sich Störungen durch Neugierige oder Touristen besser vermeiden ließen.

Auch in Sachen Kirchenmusik mussten Kompromisse gefunden werden. Manche wünschten sich beschwingte, neue Lieder, andere wollten die getragenen, traditionellen Lieder im Repertoire behalten. Es kamen Menschen, die die Heilige Kommunion kniend und in den Mund empfangen wollten. Mit dieser neuen Entwicklung hatten einige traditionell Denkende ihre Probleme: *„Wir sind immer gestanden"*, sagten wieder die anderen, was nicht ganz stimmte. Denn vor der Liturgiereform von 1970 war der kniende Empfang der Heiligen Kommunion der allgemeine Usus.

Der Pfarrer sollte nun diese Situation „regeln". Der aber gab zu bedenken, dass es doch in Ordnung sei, wenn der eine vor Gott in die Knie ginge und der andere stehen bliebe. Das befriedigte aber so manchen nicht. Wurde hier die eigene Verunsicherung mit Sturheit kaschiert? Am Ende wurde der Konflikt von unserem Abt in der Weise entschieden, dass auf beiden Seiten vor dem Altar eine Kniebank aufgestellt wurde, andere aber weiterhin in der Mitte die Kommunion stehend

und in die Hand empfangen konnten. Fingerspitzenge-
fühl, Klugheit und Ruhe sind wichtige Begleiter eines
Stiftspfarrers beziehungsweise eines klugen Abtes.

Aber was sollten wir mit den vielen Fußwallfahrern
machen, die auf der *Via Sacra* nach *Mariazell* wander-
ten und in Heiligenkreuz Station machen wollten? In
Maria Raisenmarkt war dafür die Kirchengemeinde
zuständig gewesen. Die Bevölkerung war froh, dass
so viele Menschen ins Dorf fanden und auch ihr Geld
dort ließen. Freiwillige Helfer kümmerten sich, wie
beschrieben, um die diesbezüglichen Aufgaben und
sperrten die Kirche auf und zu. Sie beklagten sich auch
nicht, wenn Pilger erst spät abends kamen. Nicht aus
Pflichtgefühl, sondern aus Liebe zu Gott hatten diese
Helfer ihre Aufgabe übernommen. In Heiligenkreuz
aber waren das Stift und somit fest angestellte Mitar-
beiter zuständig, die eine geregelte Arbeitszeit hatten,
sodass wir dort neue Lösungen finden mussten.

Eines Tages kam ein Wiener in die Pfarrkanzlei von
Heiligenkreuz und sagte, er müsse noch eine Heilige
Messe bezahlen: *„Aber beichten komme ich nicht. Brauch'
ich nicht."* *„Warum brauchen'S nicht beichten?"*, wollte
ich natürlich von ihm wissen. *„Es gleicht sich alles aus.
Einmal im Jahr betrüge ich meine Frau – das machen ja
alle Männer – und dann kaufe ich ihr einen Pelzmantel
zu Weihnachten. Es gleicht sich alles aus"*, rückte sich der
Mann sein Weltbild zurecht. Er brachte noch einige sei-

ner Lebensweisheiten über ausgleichende Gerechtigkeit, seine Verfehlungen und die scheinbare Aufwiegung durch Geschenke zum Besten.

Während die Pfarrsekretärin ob des aufbrausenden Gemüts des Wieners immer nervöser wurde und nur darauf wartete, dass der Pfarrer eingriff, wartete dieser seelenruhig ab, bis der Mann seinen Vortrag beendet hatte und sagte dann sehr bestimmt: *„Wissen'S was, der liebe Gott hat Sie erschaffen und der Teufel wird Sie holen – es gleicht sich alles aus."*

Damit hatte dann seine Beichte schon auf etwas unfreiwillige Weise begonnen. Wenn einer so frech ist und den Priester als Dummkopf hinstellt, muss man schon kontern. Natürlich muss man abschätzen können, ob man so weit gehen kann, ob man das richtige Maß gefunden hat, einen Menschen herauszufordern – ohne ihn persönlich zu attackieren oder zu verletzen.

Manche Leute kommen auch auf andere Weise selbstgerecht daher. Brautpaare beispielsweise, die zwar nicht gefirmt sind, aber nun heiraten wollen. *„Das muss doch problemlos möglich sein"*, lautete dann oftmals die kaum verhüllte Forderung. *„Ja, ist es Ihnen denn ganz gleichgültig, dass sie dann ohne den Beistand des Heiligen Geistes heiraten werden?"* Nach dieser Suggestivfrage des Pfarrers waren viele der jungen Leute bereit, erst einmal einen gescheiten Firmunterricht zu besuchen, die Heilige Firmung zu empfangen und erst dann einander feierlich das Sakrament der Ehe zu spenden.

Bei meinem Abschied von der Pfarre Heiligenkreuz im Oktober 2009 wurde mir der Goldene Ehrenring der Gemeinde verliehen. Ich nahm ihn aus den Händen des Bürgermeisters Johann Ringhofer mit einem Augenzwinkern an und betonte, dass ich zwar dankbar für die Geste sei, aber *„eher gehe ein Kamel durch ein Nadelöhr, als dass ein Stiftspfarrer mit goldenem Ring in den Himmel komme."*

Was sollte ich nun als Mönch mit dem goldenen Ring machen, wo wir Zisterzienser doch keinen nennenswerten persönlichen Besitz haben dürfen? Da kam mir eine Idee: Ich schenke den goldenen Ring der Mutter Gottes und dem Heiland, weil sie alles in den letzten 10 Jahren so gut gemacht haben. Im Anschluss an die Feier habe ich mir dann kurzerhand eine Leiter geschnappt und den Ring am Finger der Marienstatue mit dem Jesuskind, der sogenannten Türkenmadonna, in der Kreuzkirche platziert.

Okkultismus, Flüche, Bekehrungen

Die Finsternis der okkulten Mächte

Manchem mag es ein wenig antik und vorgestrig vorkommen, was der heilige Apostel Paulus an die damalige Kirche im kleinasiatischen Ephesus schrieb; aber heute sind seine Zeilen vielleicht noch aktueller als damals:

„Zieht die Rüstung Gottes an, damit ihr den listigen Anschlägen des Teufels widerstehen könnt. Denn wir haben nicht gegen Menschen aus Fleisch und Blut zu kämpfen, sondern gegen die Fürsten und Gewalten, gegen die Beherrscher dieser finsteren Welt, gegen die bösen Geister des himmlischen Bereichs." (Eph 6,11f.)

Es ist eine in der Bibel oft beschriebene und bezeugte Tatsache, dass Jesus Christus in unsere Welt gekommen ist -, nicht nur um das Evangelium zu verkünden, Kranke zu heilen, Sünden zu vergeben, sondern auch um die Machwerke Satans zu zerstören. Viele Berichte in den Evangelien handeln davon, dass Jesus unreine oder böse Geister austreibt, ja sogar die von Dämonen Besessenen befreit (vgl. Mt 4,23–24; 8,16; Mk 1,23–27; Lk 6,17–18; 4,33–36).

Es ist eine Tatsache, die heute so wenig verkündet wird, sehr zum Leidwesen vieler Jugendlicher, die sich – begeistert von der Magie des Satanismus – auf das gefährliche Spiel mit diesen unbekannten und übernatürlichen Mächten einlassen. *„Den Teufel gibt es doch nicht, das ist nur das sogenannte Böse"*, heißt es verharmlosend. *„Es gibt keine Dämonen – das ist doch mittelalterlich!"* Solche Sätze bekommen wir Geistlichen oft zu hören. Teilweise werden solche Irrlehren ja auch von Theologieprofessoren verbreitet.

Vor einigen Jahren wandte sich der zuständige Sicherheitsdirektor des Burgenlandes mit der Bitte um Gebet an mich. Eines der größten jährlichen Rockfestivals Österreichs stand kurz bevor und einer der musikalischen Acts löste beträchtliche Unruhe und Befürchtungen bei den Sicherheitsbeauftragten aus: *Marilyn Manson*, bekannt für seine Drogenexzesse, sollte bei diesem Festival auftreten.

Im Jahr 1994 wurde Manson vom Gründer der *Church of Satan* zum Ehrenmitglied ernannt und spielt mit seinem Aussehen und seinen Texten unübersehbar und unüberhörbar mit der Magie des Bösen. Sein Name setzt sich aus dem der Schauspielerin Marilyn Monroe und dem des Sektenführers der *Manson Family*, Charles Manson, zusammen, auf dessen Konto eine Reihe grausamster Morde gehen.

Wo Manson auftritt, sind oft der Satanistenszene zuge-
tane Fans nicht weit. Daher wandte sich die Polizei mit
der Bitte um Gebet an mich, um Vorsorge hinsichtlich
eventueller Todesfälle oder Selbstmorde im Rahmen
der Veranstaltung zu treffen. So fuhren der Sicherheitsdirektor und ich mit dem Auto über das Gelände
bei Nickelsdorf im Burgenland. An einer Stelle bat ich
anzuhalten, stieg aus und verrichtete die traditionellen
exorzistischen Gebete der Kirche über dem Veranstal-
tungsgelände. Soweit ich informiert bin, ist auf diesem
Festival dann nichts Gravierendes passiert.

Diese exorzistischen Gebete, um Satan, seine Dämonen
und bösen Geister zu vertreiben, wenden heutzutage
viele Priester nicht mehr an. Dabei sind sie seit der
Zeit der Apostel bezeugt. Zudem folgt die Kirche hier
direkt dem Beispiel und Auftrag von Jesus, der in
seinem Dienst oft mit diesen Gewalten der Finsternis
zu tun hatte. Gleichzeitig aber warnt Jesus seine Jünger, sich nicht über diese Vollmacht über die Geister
zu freuen. Wenn die bösen Geister ihnen gehorchen
müssen, sollen sich die Jünger lieber darüber freuen,
dass ihre Namen im Himmel aufgeschrieben sind (vgl.
Mt 10,1–8; 10,17–20).

Aufgrund dieser Tradition und Beauftragung durch
Jesus Christus selbst fragt der Priester oder Diakon
bei der Vorbereitung der Taufe oder kurz vor dem
Taufakt: *„Widersagst du dem Satan, dem Urheber der
Sünde und allen seinen Verlockungen und Versuchungen?"*

Und die Antwort des Taufbewerbers – oder bei einer Säuglingstaufe der Eltern und Paten – muss dann lauten: *„Ich widersage".*

Wir Christen glauben und vertrauen also tatsächlich darauf, dass Jesus gekommen ist, alle Machwerke Satans zu zerstören. Der Priester ist dabei nur ein Werkzeug Gottes, weil Gott uns in der Priesterweihe als seine Arbeitsmittel angenommen hat. Mit diesem Sakrament der Heiligen Weihe ist dann auch die Exorzistische Weihe gegeben. Dies bedeutet, dass jeder Priester auch den Exorzismus beten darf.

Das Gebet über Personen, von denen angenommen werden muss, dass sie besessen sind, bedarf allerdings einer bischöflichen Erlaubnis und wird nach Kriterien, die der Bischof vorgibt, erteilt. Ausgewählt werden Priester, die sowohl erfahren als auch ihrer Berufung treu sowie im Glauben fest sind. Mir wurde diese Erlaubnis erteilt, was ich allerdings nicht im Geringsten gewünscht oder angestrebt habe.

Ich bin einfach durch die viele Seelsorge, die ich betreiben durfte, in die ich besonders seit dem Tod von Pater Walter Schücker hineingekommen bin, in eine Art Lawine hineingeraten. Seitdem kamen und kommen immer wieder viele Jugendliche aber auch Erwachsene zu mir, die mit der boomenden okkulten Szene in

Berührung stehen. Sie erleben dann, Gott sei Dank, durch die Macht Gottes eine Befreiung von diesen zerstörerischen Bindungen.

Wie aber kommen so viele junge Menschen in Berührung mit dieser dämonischen Szene? Jemand, der Alkohol und Drogen nimmt, der ein unmoralisches Leben führt ohne Verbindung mit Gott, ist leider ein geeigneter „Landeplatz für die Gegenseite". Der Böse sucht sich immer willfährige Werkzeuge aus. Es sind Menschen, die nicht so starken Widerstand leisten können. *Heavy Metal Musik* verstärkt dann noch diese Willfährigkeit. Der Teufel, der eine Person und kein Etwas ist, sucht sich ganz konkret bestimmte menschliche Personen aus.

Leider sind heute durch das Internet die Texte und Rituale bekannter Satanisten wie *Helena Petrovna Blavatsky* oder *Aleister Crowley* leicht zugänglich. Alles ist nachzulesen. In den USA sind Satanskirchen sogar ganz offiziell registriert und im Internet aufrufbar. Das bereitet mir große Sorgen. Jugendliche sind oftmals von dieser gewissen reizvollen Andersartigkeit so angetan und fasziniert, dass sie sich – ohne in zwingender Weise wirklich an diese Ideologien zu glauben – dementsprechend kleiden oder danach leben. Irgendwann aber wird aus diesem Spiel mit dem Bösen bitterer Ernst.

Dann passieren die ersten Dinge, die wirklich Angst machen. Unerklärlich scheinen dann bestimmte Bedrängnisse oder Selbstmordgedanken, Angstzustände und Wahnbilder. Manche wenden sich dann – Gott sei Dank! – direkt an einen kenntnisreichen Priester. Andere vermuten ein psychisches Problem und konsultieren einen Psychotherapeuten oder Arzt. So entstehen immer wieder auch Kontakte zwischen Ärzten und Psychologen und Seelsorgern, weil hier einfach Kompetenzen und Zuständigkeiten aneinander grenzen und abgestimmt werden müssen.

Auch umgekehrt ist bei uns Seelsorgern Vorsicht geboten, dass bestimmte psychische Krankheitsbilder nicht mit einer Besessenheit oder einer dämonischen Bedrängnis verwechselt werden. Deshalb ist eine Abklärung zwischen dem Priester und einem Arzt unverzichtbar! Oftmals treten auch Besessenheit und Krankheit gepaart auf, sodass Seelsorger und Therapeuten Hand in Hand arbeiten müssen.

Wie aber finden Menschen aus dem Okkultismus heraus? Zunächst benötigt ein Priester, der in diesem Bereich arbeiten soll, bestimmte Schulungen durch erfahrene Personen. In solchen Schulungen erlernt man geistliche Übungen, Schutzgebete und einen bestimmten Umgang mit dieser übernatürlichen Materie. Es gibt wie bei dem Handwerk eines Automechanikers gewisse Dinge, die man wissen und üben muss. Bestimmte Rituale, die der kirchlichen Ordnung entstammen – auch die sogenannte Unterscheidung der Geister – gilt es zu erlernen und zu praktizieren.

Besonders wichtig sind bei diesen Schulungen die persönlichen Erfahrungen von Priestern, die schon länger in diesem Befreiungsdienst stehen. Glücklicherweise stieg mit der Popularität des Okkultismus in den letzten Jahrzehnten auch die Zahl der in diesem Bereich gut ausgebildeten Geistlichen, sodass sich in Deutschland und Österreich inzwischen ein großes Team für den Heilungs- und Befreiungsdienst entfaltet hat.

Was tun bei okkulten Phänomenen?

Mit der Kontaktaufnahme zu einem Priester ist zwar der erste Schritt getan, doch bis zu einer Befreiung von okkulten Phänomenen ist es oft genug noch ein weiter Weg, der sich mitunter über Jahre hinziehen kann.

Ganz so langwierig war es in dem Fall eines jungen Mannes allerdings nicht, der im Beisein einer ganzen Gruppe von uns Priestern regelrecht tobte. Der Dämon in ihm sprach in einer dem Besessenen nicht vertrauten Sprache mit uns Priestern. Der Tonfall und die Artikulation waren völlig anders. Der junge Mann selbst wirkte wie weggetreten, seine Sinne waren mehr oder weniger ausgeschaltet. Jemand anderer hatte ganz offensichtlich von ihm Besitz ergriffen.

Plötzlich fing der Dämon an, der durch den Mund des jungen Mannes sprach, die Sünden der anwesenden Priester detailliert aufzuzählen. Schockierte Blässe oder tiefe Schamesröte breiteten sich auf den Gesichtern der Geistlichen aus. Daher suchte ich mir ein stilles Eck und stellte mich sofort für Beichtmöglichkeit zur Verfügung. Der Dämon hatte uns ja – humorvoll gesehen – eine ganz geeignete Beichtvorbereitung geliefert. Man sieht aber an diesem Geschehen, wie ernst man die Dämonen nehmen muss. Gott braucht in diesem Dienst Priester, die reinen Herzens sind und nach dem Willen Gottes leben.

In dem Feld okkulter Phänomene muss man als Priester gut gewappnet sein. Es begegnen einem die merkwürdigsten Erscheinungen. Menschen können mit übernatürlichen Kräften ausgestattet sein, sodass sie beispielsweise ein dickes Metallkreuz mit bloßen Händen verbiegen können, als wäre es aus Kaugummi. Mir sind auch Menschen begegnet, die sich vom Boden bis zu einer gewissen Höhe erheben konnten, also regelrecht schwebten. Diese Phänomene machen natürlich Angst und deuten auf eine starke, böse Macht hin.

Wie wurde nun der junge Mann von dem Dämon frei, der so gekonnt die Sünden der Anwesenden aufzählen konnte? Als seine Braut hinzukam und ihm ins Ohr rief: *„Daniel (Name geändert), ich liebe dich!",* verschwand der unselige Geist. Wenn echte Liebe da ist, dann müssen Satan oder seine Helfer weichen. Das hält er nicht aus! Entscheidend sind nie die Macht des Bösen, die Sünde oder die Bosheit, Alkohol oder Drogen – entscheidend ist die Liebe. Da reicht manchmal nur ein Satz, und der Böse muss weichen. Daher bewirkt oft genug allein die Ausrufung des Namens *Jesus* bereits eine Befreiung, weil Christus die Liebe in Person ist.

Es gibt viele unterschiedliche Formen der unheilvollen Bindung oder der Besessenheit. Geldgier kann eine Besessenheit auslösen. *„Du kannst nicht Gott dienen und dem Mammon!",* sagte Jesus. Wenn jemand ganz von seinen Geldgeschäften abhängig ist, wenn er nur Karriere und Anerkennung sucht, wenn ihm kein

Mittel zu schlecht ist, wenn er machtbesessen und nachtragend ist, dann kann sich der Böse sozusagen *„dranhängen"*.

Heute gibt es oftmals auch Besessenheit von Sex, sogar bei Priestern. Da kann man sich fragen, wie man gültig geweiht sein kann, die Heilige Messe täglich feiert und dennoch ein Kind missbrauchen kann? Wie kann ein Vater seine eigenen Kinder missbrauchen? Das ist rational nicht erklärbar. Von einem natürlichen Empfinden her sollte hier normalerweise eine Sperre vorhanden sein. Oder wie können Männer wie Adolf Hitler oder Josef Stalin Millionen von Menschen einfach auslöschen wollen? Hinter diesem sündhaften und gottlosen Tun stehen oft noch viel stärkere Mächte und Gewalten, als wir gemeinhin denken.

All diese Dinge sind keineswegs mittelalterlich, sondern auch im 21. Jahrhundert ganz aktuell. Wir haben in der heutigen Zeit wahrscheinlich sogar einen wesentlich stärker ausgeprägten Aberglauben als in mittelalterlichen Zeiten. Große esoterische Strömungen, die sich auf Satanisten wie Helena Blavatsky zurückführen lassen, sind heute entstanden. Esoterische Literatur füllt heute in Buchhandlungen oft mehrere Regale. Christliche Bücher muss man dagegen in irgendeiner Ecke suchen.

Früher haben die Menschen prinzipiell geglaubt, jedoch zusätzlich zu ihrem Glauben vielleicht einige abergläubische Praktiken ausgeübt. Heute hingegen ist bei vielen der Glaube nur noch wie ein sehr dünner Faden, weshalb Esoterik, Okkultismus, Spiritismus und Schamanismus blühen.

Der Kampf gegen diese Mächte ist nicht aussichtslos. Vor einiger Zeit rief eine Dame bei uns im Stift Heiligenkreuz an. Sie wollte sich bei mir bedanken, dass unser Gebet geholfen hatte. Eine Bekannte dieser Dame war tief in die Esoterik geraten. Sie konnte sich aus eigener Kraft nicht mehr aus den Wirren, die sie immer mehr vereinnahmten und einschnürten, befreien. Was ihr zu Beginn nur als interessanter Zeitvertreib erschienen war, belastete sie immer mehr. Sie flehte daher den heiligen Pater Pio um Rettung an, fuhr 2012 nach Rom und nahm auch an einer Autobus-Wallfahrt nach San Damiano teil.

Bei der Fahrt im Autobus erhielt die Frau den Rat, dass sie unbedingt nach Heiligenkreuz fahren müsse, um von der Esoterik und dem Einfluss ihrer Bekannten loszukommen. So kam sie zu mir, und wir beteten für sie um Befreiung von okkulten Bindungen. Einige Monate später verstarb die Bekannte, die sie in die Esoterik eingeführt hatte, und die Anruferin wusste nun, dass sie frei war. Ich deutete nach oben und sagte ihr: Alles sei zur Verherrlichung Gottes geschehen, dem allein alle Ehre für diese Befreiung gelte.

Das Meer des Glaubens und die Heiligen

Mein Mitbruder Pater Karl Wallner hat einmal über mich gesagt, dass ich gleichsam in einem *„Meer des Glaubens"* schwimmen würde. Die Glaubenswahrheiten seien für mich nichts Angelesenes; ich würde mitten drin im Mysterium eines Gottes stehen, der in dieser Welt wirkt. Gott sei immer für mich da.

Ob das alles so stimmt, weiß ich nicht genau; wichtig ist mir allein, dass ich immer in einem konkreten Dialog mit dem Dreifaltigen Gott, mit der Gottesmutter Maria, den Engeln, Heiligen und Seligen stehe. Da führe ich einen kindlichen Dialog, der aber dennoch eine fast physische Realität für mich ist.

Für andere Menschen, die rationaler gestrickt sind, ist es vielleicht schwieriger, durch diese Schallmauer in die übernatürliche Welt hinein durchzubrechen. Vielleicht gelingt es mir irgendwie leichter, in diesem von Pater Karl so benannten *Meer des Glaubens* mit Gott ganz selbstverständlich zu schwimmen.

Jeder Gedenktag, den die Kirche für einen oder mehrere Heilige festgesetzt hat, ist für mich immer ein sehr wichtiger Tag. Dadurch gelingt es leichter die Bögen zwischen Einst und Jetzt, zwischen dem Irdischen und dem Himmel, zwischen den Menschen und Gott zu spannen. So entstehen in der Seelsorge ganz hilfreiche Brücken, die zu schönen, unglaublichen Ereignissen führen.

Einmal kam an einem 27. Juni, dem Gedenktag der heiligen Hemma von Gurk (ca. 990–1045 n. Chr.), ein verlobtes Paar zu mir – eines der ersten Paare, das ich trauen sollte. Bei dem Trauungsgespräch zog der Bräutigam mich ins Vertrauen und berichtete, dass die Gynäkologen seiner zierlichen Braut keine guten Aussichten für eine zukünftige Familiengründung gemacht hätten. Sie könne, wenn überhaupt, wohl nur wenige Kinder bekommen. Auch der Bräutigam war sich unsicher, ob er tatsächlich Kinder zeugen könne.

Ich erkundigte mich, wohin die Hochzeitsreise führen sollte. Nach Kärnten war die Antwort. Das passte gut, weil die heilige Hemma eine besonders in Kärnten verehrte Heilige ist. In der Krypta des Gurker Domes befindet sich der sogenannte Hemma-Stein, mit dem es eine besondere Bewandtnis hat. Wer auf diesem grünen Chlorit-Schieferstein Platz nimmt und einen Kinderwunsch ausspricht, soll diesen der Legende nach auch erfüllt bekommen.

Ich schlug also dem jungen Brautpaar vor, bei der Hochzeitsreise einen Abstecher nach Gurk zu machen. Sie taten, wie ihnen geheißen, und nur neun Monate später wurde die kleine *Hemma* geboren. Alsbald folgten noch fünf weitere Kinder. Das sechste wurde auf den Namen *Bernhard* getauft.

Bevor eine bestimmte Person von der Kirche offiziell zu einem Seligen oder Heiligen erklärt wird, gibt es in der Regel – bei Märtyrern macht die Kirche eine Ausnahme – eine Reihe von Geschehnissen zwischen Himmel und Erde, die auf eine Wirksamkeit des Verstorbenen in der himmlischen Welt hindeuten. Bei zwei Personen war ich in dieser Hinsicht besonders involviert, bei *Pater Petrus Pavlicek* und bei *Pater Tomáš Týn.*

Pater Petrus war ein Franziskanermönch, der 1947 den Rosenkranz-Sühnekreuzzug in Österreich gegründet hatte. Im Jahr 2000 wurde sein kirchlicher Seligsprechungsprozess eingeleitet. Da ich als einer der Förderer dieser Seligsprechung als sogenannter Censor Theologus wirkte, musste ich seine Schriften durchlesen, prüfen und ein Gutachten darüber erstellen. Insgesamt nahmen fünf historische und theologische Gutachter zu den Schriften von Pater Petrus Pavlicek Stellung. Über fünfzig Zeugen wurden einvernommen.

Als die Untersuchungen in dieser Angelegenheit in Wien abgeschlossen waren und nach Rom übergeben wurden, ging ich in die Franziskanerkirche im 1. Wiener Gemeindebezirk, wo sich die Grabstätte von Pater Petrus befindet. Ich betete und sagte: *„Diener Gottes, Pater Petrus, nun habe ich schon viel für dich getan, also* *zeig mir auch, was meine Berufung ist.*" Dann ging ich weiter in das Innere der Kirche und sah dort am Boden einen Mann knien, der einen völlig verzweifelten Eindruck machte. Er schien verweint und verstört.

Ich wusste sofort, dass dies mein Einsatzzeichen war. Es stellte sich heraus, dass der Mann ein verzweifelter Priester war, stark depressiv und selbstmordgefährdet. Er hatte sich bereits fest vorgenommen, sich in einen Fluss zu stürzen, doch Gott hatte eine Wende mit ihm vor. Der Mann sprach sich bei mir aus und beichtete, danach trennten sich unsere Wege. Ein paar Jahre später traf ich den Mann wieder, ohne dass er mich erkannte. Ich sah mit Freude, dass es dem Mann – dank des himmlischen Beistandes von Pater Petrus, der mich als lebensrettendes Werkzeug verwendet hatte – gut ging.

Mit *Pater Tomáš Týn* zusammen war ich, wie berichtet, 1975 auf dem Petersplatz geweiht worden. Wir hatten uns vor der Weihe noch gut über die Befreiung Osteuropas vom Kommunismus unterhalten. Nun brachte mir ein Student 1995, zwanzig Jahre nach unserer Priesterweihe, ein Bildchen, auf dem stand: *„Tomáš Týn, geweiht am 29. Juni 1975, Seligsprechungsprozess ist eingeleitet."*

Gestorben war Pater Tomáš schon am 1. Jänner 1990, gcnau cincn Tag, nachdem *Kardinal František Tomášek* im Veitsdom zu Prag ein feierliches *Te Deum* zum Dank für die Befreiung Tschechiens vom Kommunismus angestimmt hatte. Pater Tomáš war, erst 39-jährig, einem Gehirntumor erlegen.

Pater Tomáš hatte also sein Leben tatsächlich aufgeopfert. Da erinnerte ich mich daran, was er mir vor seiner Priesterweihe gesagt hatte: Er wolle sein Leben der Gottesmutter aufopfern und schenken, um damit die Freiheit vom Kommunismus für seine tschechische Heimat zu erwirken. Nur vier Monate später besuchte Papst *Johannes Paul II.* die Tschechoslowakei, womit sich ein Traum des Prager Erzbischofs erfüllte. *Vaclav Havel,* der berühmte Dichter und spätere Präsident von Tschechien, bezeichnete die Befreiung vom Kommunismus sogar als Wunder.

Ich nahm daraufhin sofort Kontakt mit den Dominikanern in Znaim auf und sprach mit dem alten Pater Svatoš OP, der sich darüber freute, was Tomáš Týn vor seiner Priesterweihe 1975 gesagt hatte. So wurden schließlich alle Geschichten, die verschiedene Menschen von diesem Priester zu berichten wussten, gesammelt und nach Italien zur Seligsprechungsbegutachtung eingereicht.

In der Zwischenzeit rief eine gewisse Frau Wünschmann in Heiligenkreuz an und bat unseren damaligen Gästepater Pirmin, das Kloster besuchen zu dürfen, da sie Folgendes in einem Traum gesehen habe: Ihr Bruder, ein Priester, sei mit einem schwarz-weiß gekleideten Pater spazieren gegangen. Über den beiden habe ein großes Schild mit der Aufschrift „Heiligenkreuz" gehangen.

Sie recherchierte ein wenig im Internet und stieß auf unser Stift Heiligenkreuz im Wienerwald. Pater Pirmin vermittelte die Frau an mich. Sie zeigte mir dann die Bilder der Familie und vom Grab ihres Bruders. Es war niemand anderer als die Schwester von Tomáš Týn, die auf diese Weise, dank übernatürlicher himmlischer Regie, mit mir in Kontakt gekommen war.

Einige Zeit danach wurde ich nach Rom beordert, um eine eidesstattliche Erklärung über die Aussagen von Pater Tomáš im beantragten Seligsprechungsverfahren abzugeben. Da der Verstorbene ja ein Dominikanermönch gewesen war, erreichte mein Testimonium wiederum den Wiener Erzbischof Kardinal Christoph Schönborn, der ebenfalls Dominikaner ist. Er versicherte mir daraufhin: „*Jetzt wird bald die Seligsprechung von Tomáš Týn erfolgen.*"

Wie auch Muslime zu Christus finden

Viele denken heute, dass Muslime kein Interesse am christlichen Glauben oder sogar eine Abscheu vor unserer Religion hätten. Das Gegenteil erleben wir in Österreich. Ich habe eine ganze Reihe von intellektuellen Muslimen kennengelernt, die das Christentum als Glaubenswahrheit annahmen und sich taufen ließen. Einer von ihnen war ein Rechtsanwalt aus Kairo, der nach vielen tiefgehenden Gesprächen und dem Studium der arabischen Bibel, die ich ihm geschenkt hatte, Christ werden wollte.

In den Vorbereitungsgesprächen zur Taufe erzählte ich dem Mann vom heiligen *Cyrill von Alexandrien*, einem großen Theologen, dessen Lehre von der *göttlichen und der menschlichen Natur Jesu Christi* beim Konzil von Ephesus (431) offiziell bestätigt wurde. Jesus Christus ist ganz Gott und ganz Mensch in einer Person – dieser Gedanke faszinierte den ägyptischen Taufbewerber so sehr, dass er sich sogleich *Cyrill* als seinen Taufnamen auswählte.

Ein ähnliches Erlebnis hatte ich mit einem persischen Arzt und Apotheker aus Teheran, der mit seinem Sohn, seiner Schwester und seiner Frau zu mir kam und ebenfalls die Taufe empfangen wollte. Als der Arzt das Alte Testament las, war ihm aufgefallen, dass das Volk Israel viel Schreckliches hatte erleben müssen. Jerusalem und der großartige Tempel waren zerstört worden. König Nebukadnezar hatte das Volk Israel 587 v. Chr. verschleppt sowie die silbernen und goldenen Tempelgeräte nach Babylon gebracht. Der persische König Kyros dagegen erlaubte einige Jahrzehnte später die Rückkehr der Tempelgeräte und des Volkes Israel sowie den Wiederaufbau des Tempels in Jerusalem. Diese Bibelerzählung gefiel dem persischen Arzt so sehr, dass er den Taufnamen Kyros wählte.

Für mich bekam die biblische Person Kyros, die ja keine religiöse Gestalt im engeren Sinn war, plötzlich Farbe. Diese Taufbewerber, die ja fast immer Erwachsene waren, gingen auf ganz andere Weise an die Bibel und die Taufe heran als beispielsweise Eltern, die ihre Kinder bei uns taufen ließen.

Im Laufe der Jahre ließen sich rund 40 Muslime von mir taufen, die sich zu Christus Jesus bekehrt hatten. Darunter auch ein Iraker, der in der Nähe der Stadt *Ur* geboren war, von der aus der Erzvater Abraham einst in das verheißene Land gezogen war. Ein anderer muslimischer Taufbewerber stammte aus Nigeria. So fanden Menschen aus ganz unterschiedlichen Erdteilen und Hintergründen zum Glauben an Jesus, unseren Herrn und Gott.

Ein albanischer Flüchtling namens *Nikolin* ist mir als Taufbewerber in besonderer Erinnerung geblieben. Wir betreuten damals mit einigen Mitgliedern der Le gion Mariens ein Flüchtlingshotel im nahe gelegenen Mayerling. Dabei boten wir auch kleine Statuen oder Medaillen der Muttergottes als Geschenke an.

Bei diesen Kontakten lernten wir eine albanische Muslima kennen, die uns ganz entsetzt in gebrochenem Deutsch erzählte, sie habe eine Statue der Muttergottes aus dem Müll der Flüchtlingsunterkunft gezogen. Sie hatte die Statue behutsam gereinigt und fragte nun, ob sie sie behalten dürfe. Das begrüßten wir natürlich.

Eine Weile später kam diese junge Muslima zu mir in den Pfarrhof von Maria Raisenmarkt. Sie hatte den jungen Mann *Nikolin* im Schlepptau. Er spreche zwar kein Wort Deutsch, aber er müsse getauft werden, da er aus einer albanischen katholischen Ursprungsfamilie stamme. Sie wusste als Muslima aus einem Land, in dem Jahrzehnte lang jegliche Religionsausübung verboten war, nicht viel über das Christentum. Doch für sie war klar: Wer aus dem christlichen Glauben stammt, muss getauft sein; und wenn er es noch nicht ist, dann muss dies nachgeholt werden.

Die Verständigung mit Nikolin gestaltete sich zunächst schwierig, doch Bernhard Groß, ein sprachbegabter Priesterstudent, lernte Albanisch und gab dann Nikolin den Taufunterricht. Als der Taufbewerber als Flüchtling aus seinem Flüchtlingsheim entlassen wurde, nahm ich ihn für ein Jahr im Pfarrhof auf und begriff langsam die ganze Tragödie von Nikolins Flucht. Der junge Albaner war vom albanischen Heer desertiert, da ein Offizier von ihm verlangt hatte, jemanden zu erschießen, der nicht der kommunistischen Partei gehorchen wollte.

Er verweigerte den Befehl, warf seine Waffe weg, lief in den Wald, auf und davon, weiter, immer weiter, getrieben von der Angst, selbst erwischt und exekutiert zu werden. So lief er über Kroatien und Slowenien, bis er im Wiener Raum ankam. Noch nie zuvor hatte er so viele Autos gesehen. Eine völlig andere Welt empfing ihn nun.

Nikolin verstand die Sprache nicht, hatte kein Ziel, keinen Plan und verbrachte seine ersten Nächte in einem Autowrack, das er in der Nähe von Maria Raisenmarkt gefunden hatte. Er musste unvorstellbare Ängste durchgestanden haben, da das Erlebte immer und immer wieder in ihm hochkam. Die Kriegserlebnisse, die Flucht – sie holten ihn ein.

Nach seinem Aufenthalt im Flüchtlingsheim in Mayerling traf Nikolin in Maria Raisenmarkt ein; er lernte Deutsch, sodass er schließlich sogar studieren und sich in Österreich niederlassen konnte. Er heiratete, erlernte einen Beruf und gründete eine Familie. Schließlich verstand er auch nach den vielen Gesprächen im Taufunterricht und mit mir, dass seine Eltern heimlich

Christen gewesen waren. Sie hatten sich oft verstohlen umgesehen und dann unter dem Tisch ihm unbekannte Handbewegungen, eben das Kreuzzeichen, gemacht.

Da auf offene Religionsausübung in Albanien von 1968 bis 1990 die Todesstrafe stand, verstand Nikolin nun langsam, warum seine Eltern alles im Geheimen hatten machen müssen. Der Terror in Albanien war so weit gegangen, dass Kinder dazu aufgefordert wurden, ihre eigenen Eltern anzuzeigen, wenn diese ihre Religion praktizierten. Als Nikolin dann in Österreich die Tischgebete und das Kreuzzeichen kennenlernte, erkannte er, dass es genau jene Zeichen waren, die seine Eltern bei Tisch nicht offen zu zeigen gewagt hatten.

Nachdem 1989/90 das kommunistische Regime gestürzt worden war und der Glauben in Albanien auferstehen durfte, reiste ich mit einer Reisegruppe im Jahr 1993 nach Albanien, wo wir von Nikolins Eltern auf das Herzlichste und mit großer Dankbarkeit für die in Österreich erfahrene Gastfreundschaft empfangen wurden. Sie waren erleichtert, von ihrem Sohn zu hören, der selbst nicht in seine Heimat reisen durfte. Auch Nikolin war sehr froh, nach der Rückkehr der Reisegruppe von seinen Eltern zu hören.

Doch nicht nur Moslems konvertierten zum Christentum, auch eine Anhängerin des Hinduismus, die auf der berühmten Briefmarkeninsel Mauritius lebte, ließ sich taufen und trug von da an den Namen *Mau-*

ritia. Ein jüdisches Geschwisterpaar aus den Tataren bekannte sich ebenfalls zum Christentum. Die Frau wollte bei ihrer Taufe nach dem heiligen Kirchenvater und Bischof *Augustinus von Hippo* benannt werden und hieß folglich *Augustina.*

Beichte hören,
meine Herzensangelegenheit

Wer mich kennt, weiß: die Heilige Beichte ist mir eine Herzensangelegenheit. Daher beginnt und endet dieses Buch mit diesem Thema. Überstunden im Beichtstuhl sind bei mir keine Seltenheit. Um meine Gesundheit zu schonen, versuchten meine Oberen immer wieder meine Zeiten im Beichtstuhl zu reduzieren. Aber sie haben dies ein Stück weit aufgegeben, weil sie in diesem Punkt meine Berufung nicht verändern wollen. Ich würde sonst auch zerbrechen. Der heilige Pater Pio, der Stigmatisierte, ist mir da ein Vorbild.

Die Menschen kommen von überall her, wie von einem Magneten angezogen. Sie pilgern nach Heiligenkreuz, so beschreibt es mein Mitbruder Pater Marian. Selbst jene, die nur zu einer Tagung nach Heiligenkreuz kommen, eigentlich gar nicht beichten wollen, landen irgendwann in den Schlangen vor dem Beichtstuhl.

Pater Karl hat diesbezüglich eine legendär gewordene Einladung zum Beichten kreiert: *„Ihr braucht euch vorm Beichten nicht zu fürchten. Kommt ruhig zum Pater Bernhard, weil dem graust vor gar nichts!"* Mein Mitbruder meint, dass ich in dieser Berufung ganz aufgehe, und sagte einmal:

„Wenn man sieht, dass in ganz Österreich die Beichtstühle weggeräumt werden, weil sie nicht mehr benutzt werden, es andererseits so viele Anmeldungen bei Pater Bernhard gibt, die Leute zu ihm pilgern, dann muss er ja etwas haben – eine besondere Gabe, auf die Menschen einzugehen. Beim Beichten ist er, glaube ich, schon etwas Besonderes. Sonst ist er ein bescheidener Mensch. Ein Mönch im besten Sinne des Wortes."

Kampfszenen und Tumulte vor dem Beichtstuhl möchte ich allerdings nicht mehr erleben. Bei einem Streit um den nächsten Platz vor dem Beichtstuhl war es einmal zu einem derartigen Wortgefecht gekommen, dass ich herauskommen musste und die Streithähne zurechtwies: *Es geht hier um eure Sünden, und ihr sündigt gerade vor dem Beichtstuhl, indem ihr miteinander streitet.* Zuweilen führen wir deswegen ein Nummernsystem und ein Zählsystem sowie eine zeitliche Beschränkung für den Einzelnen ein, um solche Vorfälle zu vermeiden.

Auch eine Reihe meiner Mitbrüder findet den Weg in meinen Beichtstuhl. Es gibt Tage, an denen ich aus dem Beichtehören gar nicht mehr herauskomme. Ich gehe um neun Uhr abends schlafen, und um drei oder halb vier Uhr morgens klopft es schon an meiner Türe. Bis zum Chorgebet um fünf Uhr habe ich trotz dem *Silentium nocturnum*, dem nächtlichen Stillschweigen im Kloster, auf diese Weise schon wieder ein paar Sünder „abgestaubt", wenn man das so sagen darf.

Schweigen ist mir auferlegt über die Angelegenheiten oder Themen der Beichte. Mir geht es darum, dass die Menschen, die zu mir kommen, wissen, dass sie im Beichtstuhl in diesem Moment die einzig Wichtigen sind. Es geht um die Reinheit ihrer Seele, das große Geschenk in diesem Sakrament, dass unsere Sünden wirksam – auch im Hinblick auf die zukünftige und himmlische Welt – vergeben werden. Das gibt es in keiner Religion dieser Welt. Da sind wir Priester sozusagen wie ein Kanal vom Himmel zur Erde. Gibt es etwas Schöneres und Wichtigeres, was man den Menschen geben kann?

„Das Maß der Liebe ist Liebe ohne Maß!" Diese Worte des heiligen Bernhard von Clairvaux ließ ich 1975 auf mein Primizbild drucken. Das Maß bestimmt also Gott allein – Er möge auch das Ausmaß meines Priesterlebens und Wirkens in Zukunft bestimmen: im Kloster, an der Hochschule, im Beichtstuhl und im persönlichen inneren Gebet, in der Stille der Anbetung, sodass ich die Welt in Gottes Liebe heile.

Mein Kloster
in Heiligenkreuz

Das Wunder neuer Berufungen

Eine Reihe unserer jungen Mönche und Mitbrüder beschreibt immer wieder, dass ich eine Art Werkzeug Gottes für sie gewesen sei. Durch mich sei die Liebe Gottes stark hindurchgeflossen, ich hätte ihnen etwas von Gott weitergegeben, sie im Glauben aufgebaut oder gestärkt. Mich freuen natürlich diese Berichte, obwohl ich in der Situation der Seelsorge, des Gesprächs oder der Beichte gar nichts Besonderes tue oder empfinde. Weder meine Mitbrüder noch ich selbst möchten irgendetwas hochstilisieren. Skeptiker sollen auch nicht von einem vermeintlichen Personenkult reden können. Oft geschehen solche Begegnungen ganz ungeplant und sind mir unverfügbar, was die folgenden drei Berufungsgeschichten zeigen können.

Ein junger Mann kam einmal zu uns nach Heiligenkreuz. Er wusste bereits in seinem Herzen, dass er Priester werden und ins Kloster eintreten wollte. Aber wo das sein würde, war ihm noch unklar. So beschloss er, an Exerzitien in Heiligenkreuz teilzunehmen, die ich leiten sollte. Als ich dann zum ersten Mal den

Raum betrat und der junge Mann den schwarz-weißen Habit von uns Zisterziensern sah, hatte er den starken Eindruck, dass dies sein Zuhause sei. So ist es dann auch gekommen. Allein das Kleid von uns Mönchen, das manche scherzhaft mit Pinguinen oder Pandabären vergleichen, hat ihn gerufen.

Ein anderer Mönch erzählte uns von seiner Begegnung mit Pater Augustinus an unserer Hochschule. Dann kamen die Aktivitäten der Legion Mariens und des damals noch sehr jungen Novizenmeisters, Pater Meinrad, hinzu. Er habe eine schier unglaubliche Geduld mit den Neuanfängern gehabt, erzählte der Novize. *„Ich an seiner Stelle hätte mich auf der Stelle weggeschickt."* Doch Pater Meinrad, der heutige Generalprokurator des Zisterzienserordens, blieb unerschütterlich in seiner Langmut. Auch als der Novize stark gebeutelt wurde und ein halbes Jahr lang sich mit dem Gedanken trug, den Konvent zu verlassen, blieb der Novizenmeister treu an seiner Seite.

Heute dankt der Mönch Gott für diese schwere Zeit: *„Wenn man nicht auch Leid durchlitten und schwere Stunden durchgemacht hat, dann fällt es schwer, andere Menschen zu verstehen."* In diesen dunklen Zeiten fand er auch Rat und Hilfe bei mir in der Seelsorge, wofür er sehr dankbar ist. *„Pater Bernhard hat mir schon die Freiheit gelassen"*, sagt er heute. Auch der Internatspräfekt stand stützend zur Seite.

Über die Brüder, die ihm damals halfen, sagt der damalige Novize abschließend: *„Es gibt eben Menschen, die ein Charisma haben, Berufungen nicht nur zu wecken, sondern auch zu erhalten, während sie gebeutelt werden."* Bei diesen Novizen hat also ein ganzes Team von Brüdern zusammengewirkt, um deren Berufung zu stärken.

Ein dritter Mönch erlebte seine Berufung durch einen einfachen Rat. Er studierte bereits bei uns in Heiligenkreuz, um Priester zu werden. Über das *Wie* hatte er aber noch keine Klarheit gefunden und ließ daher alles in der Schwebe. Nur in einer Sache war er sich sicher: In Heiligenkreuz einzutreten schloss er für sich aus. Eines Nachmittags besuchte er eine Gebetsveranstaltung. Wie aus dem Nichts packte ihn an jenem Tag eine große Unruhe, denn er hatte urplötzlich den Eindruck, dass er Zisterzienscr in Heiligenkreuz werden sollte.

Dieser Priesterstudent war völlig durch den Wind. Angst machte sich in ihm breit. So suchte er mich noch am selben Abend für ein Beichtgespräch auf. Das Beichten fiel dem jungen Mann offenkundig nicht leicht. Das Beichten war nicht seine Lieblingsbeschäftigung, aber er teilte mit mir seine Gedanken, die er selbst nicht wirklich ordnen konnte, und erhielt von mir drei Ratschläge.

Einer dieser Ratschläge hat sich bis heute als entscheidend im Gedächtnis des jungen Mannes verankert, wie er heute noch erzählt: *„Ich soll beten und Gott fragen,* *was ich sein möchte, wenn ich sterbe.“* Der Student fuhr also nachhause und schrieb in seinen Kalender, dass er ein normaler Weltpriester werden würde, betete noch einen Rosenkranz und schlief zufrieden ein. Von Heiligenkreuz war keine Rede mehr.

Bis zum nächsten Morgen. Als der Student erwachte, hatte er das Bild, dass er ein Zisterzienser sein wolle, wenn er sterben würde. Es war Samstag, der 5. Dezember 1981. Der junge Mann fuhr wieder zurück nach Heiligenkreuz und kam zu mir, obwohl ich gerade eine Vorlesung vorbereiten wollte. Er sagte zu mir, dass er eintreten wolle.

So nahm ich ihn sofort im Schlepptau mit zu Pater Prior Gerhard, dann zu Herrn Abt Fanz und schließlich zum Mönchsfriedhof. Das erste Grab, über das wir stolperten, war das des 1978, erst drei Jahre zuvor, verstorbenen Alt-Abtes Karl Braunstorfer. *„Karl wäre doch ein schöner Name* für dich! Abt Karl wird dann für dich beten!“*, meinte ich dann so nebenbei. Genauso kam es denn auch. Dem jungen Priesterstudenten wurde bei seinem Eintritt der Name *Karl* gegeben, den er seitdem mit Freude trägt.

Heute ist unser Pater Karl Wallner der von Studenten und Professoren verehrte Rektor unserer Hochschule päpstlichen Rechts, die seit dem Besuch von Papst Benedikt XVI. im Jahr 2007 den Namen *Phil.- Theol. Hochschule Benedikt XVI. Heiligenkreuz* trägt. Zudem ist Pater Karl durch seine Vorträge, Bücher und Fernsehauftritte wohl der bekannteste Zisterzienser im deutschsprachigen Raum geworden. Wir beide sind seit dieser Berufung ganz herzlich miteinander verbunden.

Das Kloster: keine heile, aber eine großartige Welt

Viele stellen sich vielleicht das Klosterleben langweilig vor: immer um dieselben Zeiten beten, zu festgesetzten Zeiten essen, über Jahrzehnte mit bestimmten Menschen in einer Klostergemeinschaft zusammenleben... wie langweilig! Dabei sind das nur die festgelegten Rahmenbedingungen unseres Lebens, vergleichbar mit geprägten Zeiten eines guten Familienalltags.

Spannend und aufregend wird es, weil Priester- oder Mönchsein bedeutet, rund um die Uhr, ohne Unterlass für Gott verwendbar und disponibel zu sein: *sine intermissione,* wie es auf Lateinisch heißt. Es wird nie langweilig, wenn man sich als Werkzeug Gottes versteht, das immer griffbereit ist. Das kann ich nach jetzt 40 Jahren mit einer gewissen Erfahrung sagen.

Priester zu sein ist eben kein Beruf, der abends mit Geschäftsschluss beendet ist. Priester zu sein ist vielmehr eine Berufung, bei der man niemals auf die Uhr schauen darf. Daher ist auch der Zölibat so bedeutsam und eine unverzichtbare Einrichtung. Wie belastend wäre es, wenn ein Mönch zuhause Frau und Kinder hätte, die dort auf ihn warten würden.

Restlose Verfügbarkeit ist für mich ganz entscheidend im täglichen Dienst. Denn auch so sind die Anforderungen oft belastend genug. Aus diesem Grund spielen

Supervision und der Austausch unter den Brüdern, das sogenannte Mitbrüdergespräch, eine wichtige Rolle. Bei diesen monatlichen Treffen unter Mönchen oder Priestern können Fragen gestellt, Probleme aufgeworfen und diskutiert werden. Diese können persönlicher Natur sein, aber auch mit der priesterlichen Tätigkeit zu tun haben.

Das Beichtgeheimnis ist dem Austausch natürlich übergeordnet und muss stets gewahrt bleiben. Aber wir Priester können uns auf diese Weise untereinander oft durch ähnliche Erfahrungen helfen und in unserer Arbeit unterstützen. Jedem Priester steht grundsätzlich ein Seelenführer und Beichtvater zur Seite, dem er regelmäßig etwaige Probleme mitteilen kann – besonders im Klosterverbund profitieren die Mönche voneinander, wenn es ältere Mitbrüder gibt, aus deren Erfahrungsschatz die jüngeren wiederum schöpfen können.

Beispielsweise gibt es bei Priestern oder Mönchen immer wieder Fälle von Aufdringlichkeit bis hin zu Stalking, bei denen sich Menschen emotional an einen Mönch klammern, ihn mit zahllosen Anrufen, E-Mails oder auf anderem Weg traktieren und bedrängen. Dann muss von außen interveniert werden. In so einem Fall kann sich ein Mitbruder um ein Gespräch mit der betreffenden Person bemühen und versuchen, die Situation zu entschärfen.

Natürlich kann es auch vorkommen, dass eine Frau romantische Gefühle für einen Priester entwickelt, die aber nicht auf Gegenseitigkeit beruhen können. Dann ist in der Regel ein anderer – meist älterer – Mitbruder gefragt, auf sie zuzugehen und dieses Problem mit ihr aufzuarbeiten, um den Betroffenen aus der Schusslinie zu nehmen.

Es gibt halt immer so viele Möglichkeiten, wie es Menschen gibt und genauso viele Probleme. Manche entstehen von außen her, die meisten aber von innen. Wenn ein Mönch beispielsweise zu wenig auf sein geistliches Leben achtet, soll der Abt einen „Seelentröster" (lateinisch: *„Sempekten"*) aussenden, der den Mitbruder zur Aussprache ermutigt. Für das Funktionieren einer klösterlichen Gemeinschaft wie bei uns im Stift mit heute über 90 Mönchen ist es essentiell, dass *„jedem das Seine, aber nicht jedem das Gleiche"* gegeben wird, wie es in unserer Benediktregel heißt.

Die Oberen in einem Kloster sind insofern in besonderer Verantwortung gefordert, dass kein Mönch überfordert, aber umgekehrt auch keiner unterfordert ist. Jeder Mensch hat eine andere Kapazität. Der eine ist wie ein Fingerhut, der andere wie ein Gurkenfass. Und manchmal muss auch solch einem Gurkenfass eindringlich von den Oberen nahegelegt werden, sich Zeit für einen Kuraufenthalt zu nehmen.

So soll, gemäß der Regel unseres Ordensvaters, des heiligen Benedikt von Nursia, in allem das sogenannte *Maß der Mitte* gewahrt werden. Das Kloster ist keine heile, aber eine großartige Welt!

Manche vermuten hinter der Entscheidung, ins Kloster zu gehen, dass man aus der Welt fliehen will, weil man dort vielleicht nicht zurechtkommt. Andere schätzen die Situation im Konvent der Mönche als immerzu harmonisch, stets ernst oder sogar frei von Schwäche ein. Man findet in einer großen Klostergemeinschaft auch nicht jederzeit einen geduldigen Zuhörer oder ist dort niemals allein. Alle diese Annahmen und Vermutungen haben mit der Realität wenig zu tun.

Das Klosterleben ist abschleifend, begibt man sich doch in die Mitte vieler bunt gemischter Charaktere unterschiedlichen Alters, aber gleichen Geschlechts. Nicht immer werden Eitelkeiten, Verwundung, Stolz oder persönliche Probleme an der Klostertüre zurückgelassen. Oft überschneiden sich Fähigkeiten und Aufgabenbereiche. So ist es auch völlig natürlich, dass jede Predigt und jede Äußerung von den Mitbrüdern in die Waagschale der Kritik gelegt wird. Der eine kommt besser, der andere schlechter mit diesem Zustand zurecht.

Manche müssen sich auch nach einigen Jahren eingestehen, dass sie zwar einen Ruf zum Klosterleben haben, aber der gewählte Ort oder die Spiritualität des Klosters nicht ein Leben lang passen. Ich kenne nicht die genauen Zahlen, aber schätze, dass etwa die Hälfte derer, die bei uns mit dem Noviziat beginnen, noch vor der Einfachen Profess wieder ausscheiden. Es ist durchaus möglich und nicht verwerflich, wenn jemand in dieser Zeit eine Frau kennenlernt und sich doch für die Ehe entscheidet. Gnade und Freiheit sind ein eng verschwistertes Paar! Gott schützt die persönliche Freiheit!

Manchmal fällt solch eine Entscheidung auch erst zu einem späteren Zeitpunkt. Einer der vier Gründungsmönche des Zisterzienserklosters in Bochum-Stiepel schied sogar nach der Ewigen Profess aus dem Klosterleben aus und nahm schließlich eine Stelle in der Nationalbank in Wien an. Gott hatte offenbar anderes mit ihm vor. So konnte er vielen in seinem neuen beruflichen Umfeld ein gutes Zeugnis geben und Menschen zum Glauben hinführen. Auch das ist eine Sendung!

Mir ist allerdings noch niemand begegnet, der über seine Zeit im Kloster behauptet hätte, nichts gelernt zu haben. Wer Abschied vom Klosterleben nimmt, geht mit bedeutenden Glaubenserfahrungen und tiefen religiösen Schulungen fort. Er war Teil der Gemeinschaft, die viel im Gebet verharrt, Gott lobt und preist sowie die Sakramente der Kirche empfängt. Auch das Gemeinschaftsleben erweist sich für viele zwar als formierend und abschleifend, insofern nicht sehr angenehm, aber letztlich doch als Reifungsprozess für die eigene Persönlichkeit.

Manchmal müssen Brüder allerdings aus dem Kloster auch unfreiwillig ausscheiden. Manche Menschen können der Gemeinschaft Schaden bringen und müssen dann entlassen werden. Wir hatten einmal einen Bruder, der mit einer großen Schuldenlast in das Kloster eingetreten war, ohne dies bekanntgegeben zu haben. Vor dem Ablegen der Gelübde meldete sich jedoch die zuständige Stadtverwaltung und erkundigte sich, ob selbige Person tatsächlich im Kloster sei, und überbrachte die unangenehme Wahrheit über die offenen Forderungen.

Wer mit seinen Problemen offen und ehrlich umgeht, hat im Kloster nichts zu befürchten, doch wenn hier absichtlich der Mantel des Schweigens über etwas gebreitet wird, muss der Abt in der Verantwortung für seine Mitbrüder Konsequenzen ziehen, die mitunter den Ausschluss einer Person bedeuten können. Auf der anderen Seite kann diese Gemeinschaft, die ja auch eine Familie ersetzt, ein sicherer Ort des Aufgefangenwerdens sein.

Die Schule der Gemeinschaft im Kloster

Einige stellen sich das Klosterleben als heile Welt vor, wo immerzu Freude, Glauben und herzliche Zuneigung herrschen. Andere vermuten das genaue Gegenteil und sehen das Klosterleben als düster, kalt und traurig an. Beide Vorstellungen sind natürlich falsch und haben mit der Realität nicht viel zu tun.

Von Vorteil ist es sicherlich, wenn man schon als Kind das gemeinschaftliche Leben kennengelernt hat. Ich wuchs als Kind von Eltern auf, die sehr großzügig, gütig und offen für Menschen waren. Als mein Vater 1956/57 unser Haus am Südrand Wiens baute, saßen die Arbeiter stets mit der Familie am Tisch. Eine Trennung zwischen unserer Familie und den Arbeitern gab es bei uns nicht. Darauf legten unsere Eltern viel Wert, denn sie wollten alle Menschen generell immer gleichwertig behandeln.

Gleichzeitig ordneten sich unsere Tischgäste unseren Familiengepflogenheiten unter. Wenn wir unser Tischgebet hielten, beteten sie mit oder waren eben still. Mein Bruder Karl und ich deckten den Tisch und servierten; für das Abräumen waren dann andere zuständig. Gäste waren eigentlich immer in unserem Haus.

Bei uns in der Familie sind von der Behandlung her nie Eifersucht und Neid aufgekommen. Ich habe unsere Eltern niemals sagen hören, dass irgendjemand mehr besäße. Natürlich kannten wir Buben auch kleine Rivalitäten über Schulnoten oder Ähnliches. Doch dass mir jemand so richtig neidisch ist, einen dann verfolgt und anschwärzt oder übel nachredet, das habe ich erst im Kloster kennengelernt.

Das hat sehr geschmerzt und mir wehgetan. Es ist ja beinahe eine eigenartige Vorstellung, dass man erst im Kloster etwas Negatives erlebt, was man in der Welt nicht kannte. Es gibt sie, diese schweren Augenblicke im Kloster, aber ich blicke auf sie mit einem Lächeln zurück. Verschweigen darf man sie dennoch nicht.

Unser Ordensvater, der heilige Bernhard von Clairvaux, gibt uns in solchen schweren Augenblicken einen sehr interessanten und aktuellen Rat:

„Wenn du ganz und gar für alle da sein willst, nach dem Beispiel dessen, der allen alles geworden ist (1 Kor 9,22), lobe ich deine Menschlichkeit – aber nur, wenn sie voll und echt ist. Wie kannst du aber voll und echt Mensch sein, wenn du dich selbst verloren hast? Auch du bist ein Mensch. Damit deine Menschlichkeit allumfassend und vollkommen sein kann, musst du also nicht nur für alle underen, sondern auch für dich selbst ein aufmerksames Herz haben.

Denn was würde es dir nützen, wenn du – nach dem Wort des Herrn (Mt 16,26) – alle gewinnen, aber als einzigen dich selbst verlieren würdest? Wenn also alle Menschen ein Recht auf dich haben, dann sei auch du selbst ein Mensch, der ein Recht auf sich selbst hat. Warum solltest einzig du selbst nichts von dir haben? Wie lange bist du noch ein Geist, der auszieht und nie wieder heimkehrt (Ps 78,39)? Wie lange noch schenkst du allen anderen deine Aufmerksamkeit, nur nicht dir selber! Ja, wer mit sich selbst schlecht umgeht, wem kann der gut sein? Denk also daran: Gönne dich dir selbst. Ich sag nicht: Tu das immer, ich sage nicht: Tu das oft, aber ich sage: Tu es immer wieder einmal. Sei wie für alle anderen auch für dich selbst da, oder jedenfalls sei es nach allen anderen."

Auch im Kloster braucht es also eine gesunde Beziehung zu sich selbst, rät unser Ordensvater. Sitzt man im Refektorium, in unserem Speisesaal, zusammen mit den Mitbrüdern und ist im Wissen um die Schwächen und Fehler der anderen selbstgefällig? Erst wenn man sie als die eigenen annimmt, hat man Ruhe. Bei manchen geht es gut, bei anderen bin ich sozusagen angestanden und habe mehr Zeit gebraucht.

Nach der Regel des heiligen Benedikt, nach der auch wir Zisterzienser leben, soll sich jeder Mönch selbst immer als der Geringste von allen vorkommen. Von dieser Einstellung soll er restlos überzeugt sein. Vergleichsweise einfach ist diese Einstellung, wenn ein anderer objektiv Fähigkeiten besitzt, die einfach besser sind als die eigenen.

Wie aber ist es im umgekehrten Fall? Sich als der Geringste zu fühlen, gerade, wenn man auf gewissen Gebieten Stärken besitzt oder in manchen Eigenschaften anderen objektiv überlegen ist? Das sind Herausforderungen, der sich jeder Mönch gegenübergestellt sieht. Hier gilt es, in der christlichen Tugend der Demut tapfer weiter voranzuschreiten.

Durch das Tal der Enttäuschungen gehen

Große Enttäuschungen erlebte ich in der Klostergemeinschaft immer wieder dann, wenn jemand sehr gut in die Klostergemeinschaft integriert war, mitwirkte und mitlebte. Man schenkte sich auch gegenseitig volles Vertrauen, bis der andere plötzlich die Gemeinschaft wieder verließ. Bei Novizen ist das vielleicht ein normaler Prozess, weil sie ja mehr oder weniger auf Probe im Kloster leben.

Dennoch ist der Weggang auch bei den jungen Mitbrüdern immer wieder schmerzhaft, weil die Klostergemeinschaft eben ein Organismus ist. Es ist so, als wenn einem ein Finger abgeschnitten wird, wenn ein Bruder geht. Je länger ein Mitbruder ein Teil der Gemeinschaft ist, desto mehr schmerzt es.

Naiv wäre es übrigens, zu glauben, dass es im Leben einer Klostergemeinschaft keine Kränkungen, Verletzungen, Beleidigungen oder harte Worte gibt. Solche Dinge bedürfen immer wieder der Aufarbeitung, da kommt es dann, Gott sei Dank, zu Entschuldigungen, Vergebung und auch zu herzlicher Versöhnung.

Es ist ein spannendes und schönes Leben im Kloster, wobei die Freude immer größer ist als das Traurige. Das Gute wiegt das Schlechte mehr als auf. Wir sind zurzeit über 90 Brüder in unserem Kloster. Man stelle sich diesen „Haufen" von Männern einmal vor: Mit so verschiedenen Charakteren, verschiedener Herkunft, verschiedenen Bildungsgraden, mit verschiedenen Fähigkeiten, Talenten und Begabungen.

Und alle sollen irgendwie zusammenleben; der Abt soll schauen, dass er jedem gerecht wird. *Jedem das Seine und nicht jedem das Gleiche,* wie es in unserer Lebensregel heißt. Leicht hat es ein Abt nicht. Insgesamt ist es ein Wunder Gottes, dass so eine Gemeinschaft tatsächlich zusammenbleibt – und dies schon über Jahrhunderte gelingt!

Neben der Beziehung zu seinen Mitbrüdern und zu sich selbst muss ein Mönch auch mit Gott allein sein können. Die Beziehung zu Gott darf sich nicht auf das Chorgebet, die Heilige Messe oder andere gemeinschaftliche Treffen beschränken. Wenn das nächtliche Schweigen um 20:15 Uhr beginnt und am nächsten Morgen erst um 5:15 Uhr mit dem Gebet „*Herr, öffne meine Lippen*" endet, herrscht für einige Stunden Ruhe im Kloster.

Das ist etwas Schönes. Der Lärm ist in unserer Zeit ja etwas Furchtbares. Dennoch ist diese Stille, dieses Alleinsein auch manchmal gar nicht so leicht zu ertragen. Still und alleine mit dem Herrn zu sein, diese Zweisamkeit mit Jesus auszuhalten kann manchmal auch hart sein.

Wenn ich mit Jugendlichen den benachbarten Karmel Mayerling besuche, werden die Schwestern öfters gefragt, ob sie einen Fernsehapparat in ihrer Zelle hätten. Wenn sie dann Nein antworten, verblüfft das die Jugendlichen regelmäßig. Dann erklären ihnen die Schwestern, dass sie das *Innere Gebet* hätten, lesen würden und mit Gott alleine seien, was für sie erfüllend genug sei.

Ich veranschauliche dann den Schülern diese Lebensweise gerne anhand eines Beispiels: Manche Fans sitzen stundenlang vor einem Fußballspiel. Da laufen 20 Menschen einem Ball hinterher. Sie schauen; sie sind fasziniert und gehen emotional mit. Wenn das möglich ist, warum sollte man dann nicht auch von Gott fasziniert sein? Gott ist sicher größer als so ein Fußballspiel. Man muss nur genauso intensiv mitverfolgen, miterleben, wie Jesus Menschen begegnet, sie heilt, ermahnt oder tröstet. Genau das üben die Schwestern und Mönche ein Leben lang in der stillen Betrachtung der biblischen Berichte und Erzählungen. Das ist oft genug viel spannender als ein Sportereignis.

Viele Menschen haben heute allerdings Schwierigkeiten, sich auf diese wichtigen, ja lebensnotwendigen und sinnerfüllenden Seiten des Lebens zu konzentrieren. Schon im Kindesalter versucht man sich mittels der digitalen Medien die reale Welt als Simulation in das eigene Zimmer zu holen. Dabei geht das Natürliche verloren.

Das ist eine wirkliche Tragödie. Man braucht dann vermeintlich nicht mehr in die Natur hinauszugehen, um Vogelstimmen zu hören oder Tennis zu spielen. Nur die imaginäre Welt erscheint als die richtige und wahre. Das aber ist eine Täuschung, fast eine Lüge. Das spürt man. Alles aber, was wirklich von Gott kommt, das ist keine imaginäre Welt, sondern echt, wahr und erfüllend. Und die Freude gibt es obendrauf.

Der hundertfache Segen des Zölibats

Jesus Christus hat für den zölibatären Weg von uns Mönchen oder Priestern eine große Belohnung versprochen:

„Und jeder, der um meines Namens willen Häuser oder Brüder, Schwestern, Vater, Mutter, Kinder oder Äcker verlassen hat, wird dafür das Hundertfache erhalten und das ewige Leben gewinnen" (Mt 19,29).

Das Verlassen dieser weltlichen Dinge und Personen ist wie ein Sprung ins Wasser. Man weiß nicht genau, ob und wie lange es trägt. Eine fast unglaubliche hundertfache Belohnung geschieht dann aber tatsächlich sowohl auf menschlicher wie auf geistlicher Ebene.

Wie viele geistliche Söhne und Töchter hat Gott mir als Beichtvater, Professor und Seelenführer geschenkt! Häufig ist es so, dass sich Menschen nach einer Aussprache oder Beichte nicht mehr direkt bei mir, sondern bei meiner rechten Hand, Schwester Rozina, melden. Dann höre ich von Dankesanrufen oder Briefen. Auch wenn es keinen weiteren Kontakt gibt, bin ich dennoch gewiss, dass Gott durch das Gebet und die Sakramente geholfen hat.

Eine besonders schöne Aufgabe ist die Arbeit an unserer Hochschule Heiligenkreuz. Da wird es konkreter, wie und wo Gott einen Menschen als Werkzeug gebraucht. Die Professoren erziehen und lehren ihre Studenten und dürfen dabei als Gärtner in Gottes Garten arbeiten. Die Studenten sind sozusagen die Frucht dieser Arbeit, an deren Reifung wir maßgeblich beteiligt sein dürfen.

Die Priester, die hier ausgebildet werden, arbeiten dann nicht nur im deutschsprachigen Raum, sondern auch beispielsweise in China, Vietnam, Sri Lanka, in amerikanischen oder afrikanischen Ländern. Derzeit studieren an der Hochschule 274 Studenten, davon 160 Priesterkandidaten und Ordensleute, die meisten aus Österreich, Deutschland und der Schweiz, aber auch aus Ungarn, Brasilien, Vietnam und Nigeria. Was für eine schöne Frucht wächst hier heran, die sich wiederum hundertfach vermehren kann!

Die geistliche Belohnung manifestiert sich für uns auch in der täglichen Eucharistie, durch die sich Jesus immer neu schenkt. Ich wehre mich strikt gegen die Behauptung, dass die Heilige Messe ab einem gewissen Zeitpunkt nur mehr zu einer inhaltslosen Routine wird. Selbst als Pfarrer in einer Dorfgemeinde, wo man unter Umständen eine Frühmesse, ein Begräbnis, eine Taufe und eine Abendmesse am selben Tag durchführt, war mir Gottes Nähe in der Eucharistie stets bewusst. Eine Frühmesse mit einer kleinen Schar von getreuen Seelen ist etwas ganz anderes als eine festliche Hochzeit mit einem frisch getrauten Ehepaar oder ein Requiem, wo man tieftraurige Angehörige trösten muss.

Besonders dankbar bin ich dafür, dass wir in Heiligenkreuz in einer großen Kontinuität leben. Das Chorgebet wird von uns Zisterziensern seit dem Jahr 1133 ununterbrochen verrichtet. Das sind bald 900 Jahre! Die Psalmen, Hymnen und Antiphonen werden wie ein Schatz bewahrt.

Andere Klöster gingen auf diesem Gebiet progressiver vor, übertrugen vieles in die jeweilige Landessprache, überholten die Liturgie und gestalteten die Gesänge neu. Was Jahrhunderte gegolten hatte, wurde fast über Nacht aufgegeben. Wir sind nicht diesen Weg gegangen und sehen uns heute durch den starken Zulauf an jungen Mönchen darin bestätigt.

Gerade die Chant-CDs mit den uralten Gregorianischen Gesängen wurden zu einem weltweiten Erfolg. Beweist nicht die Begeistgerung, die unsere Musikalben ausgelöst haben, wie viele Christen mit der bewährten Tradition in Verbindung bleiben möchten? Der Gregorianische Choral entfaltet nach wie vor eine unglaubliche spirituelle Kraft.

Profitstreben spielte bei der Veröffentlichung der CD's übrigens keine Rolle. Die Einnahmen kamen zum einen unseren Priesterstudenten aus Asien oder Afrika zugute, die in Heiligenkreuz studieren. Zum anderen halfen diese Einnahmen unserem Kloster, notwendige Renovierungsarbeiten an den vielen alten Gebäuden durchzuführen, für die wir als Klostergemeinschaft allein zuständig sind. Gemäß unserer Ordensregel sollen wir von unserer Hände Arbeit leben. So arbeiten Mönche in eigenen Betrieben, verkaufen bestimmte Waren, wie Bücher oder CDs, oder erhalten ein Einkommen im Pfarr- oder Schuldienst.

Heiligenkreuz: ein Magnet
für viele Menschen

Früher war das Stift Heiligenkreuz ein relativ unbe-
kanntes, verträumtes Waldkloster. Heute aber ist unser
Kloster weltweit ein Begriff. Darin liegt für uns eine
große Chance, die Menschen mit dem Glauben zu
erreichen. Manchmal kommen ganz frisch Bekehrte
und Getaufte nach Heiligenkreuz. Ein erst 18-jähriger
Abiturient aus Deutschland kam hierher, um zu vertie-
fen, was er als Glaubenswahrheit angenommen hatte,
und nahm an Exerzitien teil. Ein anderes Mal kam
ein Vater mit seinen drei Kindern extra aus Hamburg
angereist, damit einen ordentlichen Erstkommunions-
unterricht erhielten.

Am Glauben Interessierte können in Heiligenkreuz
an einer Sportwoche, an Exerzitien, Vorträgen oder
Einkehrtagen teilnehmen. Gäste, die einmal ein *Kloster auf Zeit* probieren wollen, bleiben eine oder zwei
Wochen, um an Gebet und Arbeit („*Ora et labora*") teilzunehmen. Unter den jungen Leuten, die das Kloster
kennenlernen möchten, sind manchmal die wildesten
Typen. Doch alle können kommen und sind willkommen. Auch Menschen, die vielleicht momentan eine
schwere Krankheit oder ein Burn-out zu bewältigen
haben, die unter Süchten leiden oder andere Krisen zu
bestehen haben, können bei uns eine Zeitlang leben.

Öfters kommen auch Priester zu uns, die sich in einer momentanen Krisensituation befinden. Für sie öffnen sich die Klostertüren für ein Jahr. Sie können an den Vorlesungen der Hochschule teilnehmen, mit uns Mönchen das Leben teilen und dann – nach diesem Sabbatjahr – vielleicht mit neuer Kraft wieder in Pfarrgemeinden eingesetzt werden.

Und natürlich ist Heiligenkreuz heute ein Magnet für Touristen. Oft ist der ganze Hof voll mit Reisebussen. 150.000 bis 200.000 Menschen kommen jedes Jahr, um unser Kloster zu besichtigen. Sie kommen aus Russland, Japan, aus allen Himmelsrichtungen und Erdteilen.

Viele wollen natürlich die berühmte Reliquie, den originalen Teil des heiligen Kreuzes Christi sehen, den wir in der Kreuzkirche aufbewahren und verehren. Nicht jedem ist bewusst, dass wir infolge dieser Reliquie den Namen *Heiligenkreuz* tragen. Der eine wirft sich vor dieser Reliquie, die im Hochaltar der Kreuzkirche aufbewahrt ist, auf den Boden; ein anderer weint, der nächste steht nur stumm da. Wieder andere beten in Stille und verehren das Kreuz mit einem Kuss.

„Unruhig ist unser Herz, bis es ruht in Dir, mein Gott", formulierte der heilige Kirchenvater Augustinus († 430) in seinen Confessiones. Er beschrieb damit eine zeitlose Wahrheit. Diese Unruhe motiviert Menschen bei der Suche nach Glück, Erfüllung, Sinn, Wahrheit und

Wahrhaftigkeit. Wer nach der Wahrheit sucht, sucht nach Gott, ob er es weiß oder nicht, sagte die heilige Märtyrerin Edith Stein († 1942).

Daher ist uns ganz wichtig, dass nichts, was die Menschen im Kloster erleben können, verlogen oder gespielt ist. Sünden und Armseligkeiten gehören auch bei uns zur Lebensrealität, aber die Wahrheit, die Christus Jesus selbst ist, muss über allem stehen und alles überstrahlen.

Pater Karl Wallner bezeichnete das Stift Heiligenkreuz einmal als *„das mystische Herz des Wienerwaldes"*. Das Geheimnis des unsichtbaren Gottes, der durch das Übernatürliche wirkt, wollen wir Mönche erfahrbar und sichtbar machen. Sahen wir früher nur einzelne Gäste, die an unseren Chorgebeten teilnahmen, so sind es heute viel mehr geworden. Wir spüren heute ein großes Interesse am Kloster, am Glauben, an Gott, was ich bei meinem Eintritt in Heiligenkreuz niemals vermutet hätte.

Im Klosterhof mit den großen Platanen ist es tagsüber fast nie still. Die Kieselsteine knirschen fast unentwegt, wenn Mönche oder Touristen sich über den Hof bewegen. Seit Papst Benedikt XVI. uns 2007 besuchte, die Chant-CD's uns weltweit bekannt machten, ist unser Kloster ein Magnet geworden. Nicht zuletzt verdanken wir diese Entwicklung dem unermüdlichen Einsatz von Pater Karl Wallner, der die Öffentlichkeitsarbeit des

Stiftes leitet, und unserem Abt Maximilian Heim, der als Ratzinger-Preisträger und durch sein theologisches Wirken unsere Abtei in der Welt der Wissenschaft bekannt gemacht hat.

Pater Karl liegt die Öffentlichkeitsarbeit gleichsam so im Blut, wie mir die medizinale oder heilende Tätigkeit. Er stammt aus einer Kaufmannsfamilie. Schon als Kind freute er sich, wenn viele Menschen in das Wampersdorfer Kaufhaus seiner Eltern kamen. Dann wusste er, dass viel Ware unter die Leute kommen würde. Heute ist die „Ware" zwar letztlich immaterieller Natur, aber die Art und Weise, wie man auf Menschen zugeht und ihnen etwas anbietet, ist auch bei Glaubensfragen ganz entscheidend.

Im Kloster und an der Hochschule haben wir viele sogenannte Spätberufene. Sie haben abgeschlossene Studien in Wirtschaft, Biologie oder im Management, absolvierten eine kaufmännische Ausbildung oder arbeiteten schon seit Jahrzehnten als staatliche Verwaltungsbeamte, bevor sie den Ruf zum priesterlichen Dienst hörten.

Ihr Talent und ihre Vorprägung können dann im priesterlichen Leben auf übernatürliche Weise fruchtbar werden. Pater Simeon Wester beispielsweise, der die musikalischen Aufnahmen der Chant-CD's geleitet hat, hatte schon vor seinem Eintritt in Heiligenkreuz ein Studium und eine Ausbildung zum Diplom-Kirchenmusiker absolviert.

Mit Missionaren unterwegs

Mit Johannes Paul II. in Osteuropa

„Geht zu allen Völkern und macht alle Menschen zu meinen Jüngern …", befiehlt Jesus seinen Aposteln im Missionsauftrag vor seiner Himmelfahrt (Mt 28,18–20). Dieser Auftrag gilt auch für uns Mönche und Priester. Daher sind wir gerufen, immer wieder auf Reisen zu gehen und das Evangelium in die verschiedensten Länder zu tragen. Mich zog es oft nach Osteuropa.

Meinen leiblichen Bruder Karl erstaune ich immer wieder, wenn er mich bei der Abreise fragt: *„Hast du Geld?"* Und ich antworte: *„Ja, habe ich."* Dabei sind dann meist nur vier oder zehn Euro Startkapital in meiner Tasche. Aber mein Bruder hat sich schon daran gewöhnt, dass ich mich um diese Sachen nicht sorgen muss, weil der Herr mich versorgt. Daher tue ich es auch nicht. Dafür erleben wir auf den Reisen immer wieder die erstaunlichsten Wunder.

Im Winter 1980 reisten wir mit einer Gruppe der Legion Mariens zur Förderung des Laienapostolats nach Polen. Damals herrschte in Polen eine große Hungersnot. Wir waren gezwungen, den gesamten Lebensmittelvorrat für die Reise aus Österreich mitzubringen. Untergebracht waren wir bei Elisabethschwestern.

Bei einer Begegnung mit Bischof *Herbert Bednorz* aus Kattowitz ermutigte uns der Geistliche: *„Sprechen Sie alle Leute auf den Glauben an, auch russische, kommunistische Soldaten."* Als ich aus dem Bischofshaus trat, wo Exzellenz mit uns gesprochen hatte, begegnete mir als erste Person tatsächlich ein russischer Soldat mit Gamaschenstiefeln, rotem Stern auf der Kappe und einer Kalaschnikow in der Hand.

Ein wenig Angst einflößend war sein Aufzug schon, doch ich dachte, wenn es der Bischof sagt, muss ich es auch tun. So ging ich auf den Soldaten zu und streckte ihm eine *Wunderbare Medaille Mariens,* der Mittlerin aller Gnaden, als Geschenk entgegen. Einen Moment lang verharrte der gute Mann, dann nahm er seine Tellermütze vom Kopf, legte die Kalaschnikow in den Schnee, kniete nieder und küsste die Medaille mit Tränen in den Augen. Dann nahm er die Medaille an sich und erzählte von seiner Mutter zuhause. Zum Abschied küsste mir der Russe gerührt die Priesterhand, senkte seinen Kopf und nahm den priesterlichen Segen dankbar an.

Im selben Jahr hielt ich mich im italienischen Montecassino, dem Stammkloster aller Benediktiner, auf. Dort wurde gerade Papst Johannes Paul II. erwartet, um an der 1.500-Jahrfeier der Geburt des heiligen Benedikt von Nursia teilzunehmen.

Eigentlich sollten sich alle Gäste nach Ländern geordnet aufstellen, um den Papst zu begrüßen. Ich gesellte mich allerdings lieber zu den Polen, weil es mir spannender erschien, den Heiligen Vater inmitten seiner Landsleute zu erleben. Schließlich verstand ich auch einige Brocken Polnisch, sodass ich den Unterhaltungen folgen konnte.

Im Gepäck hatte ich ein Bild der Mutter Gottes, das früher eingerahmt bei meiner Großmutter gestanden hatte. Es zeigte Maria, die mit der Sonne umkleidete Frau, unter ihr der silberne Mond und über ihrem Haupt zwölf Sterne, so wie der heilige Seher Johannes sie in einer Vision beschreibt (Offb 12). Das Original dieser Ikone befindet sich in Litauen am Tor der Morgenröte, dem Stadttor von Vilnius, litauisch *Aušros Vartai*, polnisch *Ostra Brama* genannt.

Da kam auch schon der damals erst 60-jährige Papst Johannes Paul II. den Gang von Montecassino entlang, sprach kurz mit allen versammelten Äbten, Zisterziensern und Benediktinern. Plötzlich stand der Papst auch vor mir, las mein Namensschild und fragte auf Polnisch: *„Vošický? Kommen Sie auch aus Polen?"* „Nein, *ich bin aus Österreich"*, antwortete ich – und sah eine Art freudiger Verzückung in den Augen des Papstes. Ich streckte ihm die Ikone aus Wilna von meiner Großmutter entgegen und bat den Heiligen Vater um seinen Segen. Johannes Paul nahm die Ikone in die Hand und sagte: *„Ostra Brama!"*

Der Papst wusste genau, um welche Abbildung der Gottesmutter es sich hier handelte, schaute mich eindringlich an und sagte: *„Beten Sie für die Befreiung Litauens und für mich! Und dass ich nach Litauen komme und der heilige Kasimir wieder in seine Kathedrale kann."* Gemeint war die Kathedrale im litauischen Vilnius, wo die Reliquien Kasimirs, des Landespatrons von Litauen und Polen, der im 15. Jahrhundert gelebt hatte, zur Zeit der sowjetischen Besatzung entfernt worden waren. Die zentrale Kirche in der litauischen Hauptstadt war damals in ein atheistisches Museum umgewandelt worden.

Für mich war dies ein klarer Gebetsauftrag. Das Gebetsanliegen des Papstes sollte sich dann 1993, 13 Jahre später, auf wunderbare Weise erfüllen, als die Reliquien des heiligen Kasimir in einer feierlichen Prozession wieder in die litauische Kathedrale überführt wurden.

1989, im Jahr als die Berliner Mauer fiel und das Sowjetreich zusammenbrach, empfing Papst Johannes Paul am 1. Dezember auch *Michail Gorbatschow*, den damaligen Generalsekretär des Zentralkomitees der

Kommunistischen Partei der Sowjetunion und späteren Präsidenten der Russischen Föderation, im Vatikan. Gorbatschow würdigte dabei den unermüdlichen Einsatz des Papstes im Dialog mit den kommunistischen Führern und konstatierte: *„Ohne Sie, Heiliger Vater, wäre die Berliner Mauer nie gefallen."*

Ich verfolgte dieses historische Treffen im Fernsehen von meinem Krankenbett aus. In der Audienz mahnte der Heilige Vater, die Menschenrechte und die Glaubensfreiheit zu respektieren. Nur ein knappes Jahr später setzte Michail Gorbatschow die neuen Religionsgesetze um. Wie in westlichen Staaten wurde nun auch in der noch bestehenden Sowjetunion die individuelle und kollektive Religionsfreiheit umfassend garantiert. Der russisch-orthodoxen Kirche wurden viele Klöster, Kirchen und andere Gebäude zurückgegeben, der Weg für die Gründung kirchlicher Ausbildungsstätten sowie der Zugang zu Krankenhäusern, Gefängnissen, zum Militär und zu anderen staatlichen Einrichtungen geebnet.

Dreieinhalb Jahre nach dieser historischen Begegnung konnten wir mit einer Gruppe der Legion Mariens nach Russland reisen. Wir hatten eine Statue der Gottesmutter von Fátima im Reisegepäck, mit der es eine besondere Bewandtnis hatte. Am 13. Juli 1917 hatte die Gottesmutter in Portugal drei Hirtenkindern folgende Weissagung im sogenannten *Zweiten Geheimnis* offenbart:

„Wenn man auf meine Wünsche hört, wird Russland sich bekehren, und es wird Friede sein; wenn nicht, dann wird es seine Irrlehren über die Welt verbreiten, wird Kriege und Verfolgungen der Kirche heraufbeschwören, die Guten werden gemartert werden und der Heilige Vater wird viel zu leiden haben; verschiedene Nationen werden vernichtet werden; am Ende aber wird mein Unbeflecktes Herz triumphieren. Der Heilige Vater wird mir Russland weihen, das sich bekehren wird, und der Welt wird eine Zeit des Friedens geschenkt werden."

Deswegen also musste die Fátima-Marienstatue nach Russland! Darüber waren wir uns in unserer Reisegruppe einig. In einer schwarzen Reisetasche begleitete uns die nur dreißig Zentimeter große Figur den ganzen Tag, selbst in der Moskauer U-Bahn. Schließlich kamen wir auf dem *Roten Platz* an. Nur wenige Touristen waren unterwegs, vor dem Lenin-Mausoleum keine Menschenschlangen. Der Platz war in wunderschönes Sonnenlicht getaucht. Wir verteilten einige *Wunderbare Medaillen* an Passanten, an Familien mit Kindern und einige Liebespaare, die über den Platz flanierten. Alle nahmen die Medaillen dankbar an.

Auf dem Roten Platz steht auch die berühmte Basilius-Kathedrale mit ihren vielen bunten Türmen. Nachdem die Kommunisten im Jahr 1929 die Kirche geschlossen hatten, wurde sie im Jahr 1990 zum UNESCO-Weltkulturerbe erhoben. Seitdem wird die Kirche zwar weiter als Museum genutzt, aber von Zeit zu Zeit finden dort auch wieder Gottesdienste statt. Wie aber in die Kathedrale hineinkommen?

Das Eintrittsgeld war teuer. Wir hatten aber Maria dabei, öffneten den Reißverschluss unserer Reisetasche und sagten zu ihr: *„Wenn du da hinein möchtest, müssen wir schauen, dass wir hineinkommen."* Plötzlich sah ich zwei Tickets vor uns auf dem Boden liegen – und ging schnurstracks auf den Eingang des Gebäudes zu.

Die Frau am Einlass entwertete die beiden Tickets, deutete auf die Tasche und fragte, was sich in ihr befinde. Ich öffnete die Tasche und gab den Blick auf die Gottesmutter frei. Sie nickte mir kurz wortlos zu. Dann ging alles sehr schnell. Innerlich war ich die Ruhe selbst und sah eine schöne, blau gestrichene Nische in der Kathedrale, die leer war. Ich platzierte die Mutter Gottes von Fátima schnell an der gefundenen Stelle. Ein kurzes Gebet und schon waren wir wieder verschwunden. Ein schlechtes Gewissen hatten wir nicht, warum auch? Schließlich hatten wir nichts weggenommen, sondern nur etwas hingebracht.

Eine Weile später, wieder zurück in Österreich, kam ein Freund, Pfarrer Winter aus Hainburg, zu mir und wollte unbedingt etwas erzählen. In Moskau sei etwas Erstaunliches geschehen. Er sei gerade mit einer Gruppe in der russischen Hauptstadt gewesen; und er schwärmte von der Schönheit der Stadt. Auch die

Basilius-Kathedrale hätten sie besucht. Er habe dort tatsächlich eine schöne Fátima-Statue der Mutter Gottes gesehen. Seine Gruppe sei dort stehen geblieben, habe dort gebetet und gesungen. Für mich ein klares Zeichen der Bestätigung.

Offenbar war meine kleine Statue dort in der Nische nicht entfernt worden. Mein kleines Zeichen des Vertrauens, dass Gott stärker ist als jeglicher eingefleischter, diktatorischer Atheismus und Kommunismus, hatte nun einen Ort gefunden. Gott ist eben doch größer als jene Ideologie, die das Herz der Menschen der so großen Wirklichkeit des lebendigen Glaubens berauben will.

Ich erinnerte mich auch daran, dass der heilige Märtyrer Maximilian Kolbe († 1941) die Immaculata in einer prophetischen Schau auf der Kremlmauer gesehen hatte. Nach der Basilius-Kathedrale auf dem Roten Platz besuchten wir das orthodoxe *Dreifaltigkeitskloster* in Sergijew Possad (Zagorsk). Wir traten an die Ruhestätte des heiligen *Sergius von Radonesch,* des Gründers des Klosters.

Dort saß ein Pope und hütete das Grab, das mit einem Tuch bedeckt war. In der Luft hing der Duft von Weihrauch und gut riechendem Öl. Der Mönch sah nicht auf, doch aus den Augenwinkeln musste er mich wohl erspäht haben. Er freute sich sichtlich, mich zu sehen: einen Mitbruder und westlichen Mönch im Gewand der Zisterzienser.

Als ich die Reliquie innig verehrt hatte, nahm er sein Kreuz, legte es mir auf das Haupt und segnete mich. Ich wiederum segnete meinerseits den orthodoxen Mönch. Wir hatten während der ganzen Begegnung noch kein einziges Wort miteinander gewechselt, doch war deutlich zu spüren, dass die gemeinsame Ehrfurcht vor Gott uns zusammengeführt hatte. Gottesfurcht ist der Anfang der Weisheit, so heißt es in der Bibel.

Irland und die Legion Mariens

Seit dem Revolutionsjahr 1968 bin ich ein *Legionär Mariens* und bemühe mich, durch Gebet und Apostolat auf dem Weg zur Heiligkeit voranzuschreiten. Unzählige Male hat mir in den vergangen Jahrzehnten die Gottesmutter Maria bewiesen, dass sie um jeden einzelnen Menschen besorgt ist, ihr das Heil für jede Seele am Herzen liegt. So wirkt Maria auf mütterliche Weise alles nur erdenklich Mögliche, um Seelen zu retten. Mich als Priester nimmt sie als Werkzeug und ich weihe alle Betreuten ihrem Unbefleckten Herzen.

Die vielen *Präsidien* (Gruppen) der Legion Mariens, der Jugend und der Erwachsenen, und die Patrizierrunden (Glaubensgesprächskreise), die ich betreuen durfte, sind wie Edelsteine in meinem Priesterleben. Das rein natürliche Wirken ist dabei nicht entscheidend, sondern das übernatürliche Wirken der Gnade, die Maria uns vermittelt. Letztlich hängt unser Wirken in den Pfarren und Klöstern am Faden der Gnade!

Da die Legion Mariens in Irland entstanden war, sehnte ich mich schon seit langem danach einmal zu dieser „grünen Insel" aufbrechen zu dürfen. Aber erst im Juni 2012 sollte dieser lang gehegte Wunsch in Erfüllung gehen, als wir mit einer Gruppe der Legion dorthin reisen konnten. Nun sah ich die herrlichen mit Klee bedeckten Wiesen, die einsamen Küstenstriche, die vielen Schafe und zerklüfteten Inseln im Atlantik. Eine atemberaubende, faszinierende Landschaft.

Auch die religiöse Geschichte Irlands ist überwältigend. Wie viele Missionare brachen schon im 1. Jahrtausend aus Irland in andere Teile der Welt auf: der heilige *Kilian*, der dann in Würzburg als Märtyrer starb; der heilige *Koloman*, der als Pilger auf dem Weg ins Heilige Land im österreichischen Stockerau ums Leben kam. Als Fußreisender in der damaligen Zeit dürfte er wild ausgesehen haben. Die frommen Österreicher hielten ihn für einen Spion und erhängten ihn an einem Holunderstrauch. Er wurde in Melk begraben und ist heute neben dem heiligen Leopold ein weiterer Landespatron Niederösterreichs.

Dieser Strom der irischen Missionare, die im frühen Mittelalter maßgeblich dazu beitrugen, dass sich auf dem europäischen Festland der christliche Glaube ausbreitete, ist auch in der Gegenwart nicht versiegt. In der irischen Hauptstadt Dublin entstand 1921, dem Jahr der Unabhängigkeit Irlands von Großbritannien, die Legion Mariens im *Morningstar-Hostel*.

Dort hatte *Frank Duff*, der Gründer dieser katholischen Laienbewegung, Menschen ohne festen Wohnsitz, Obdachlosen oder Straßenmädchen, eine Herberge gegeben. Heute kann man diese inzwischen renovierte Unterkunft in der Brunswick Street in Dublin besuchen.

Die Gäste dieser Herberge werden immer angehalten bei kleineren Diensten in der Küche oder im Haus mitzuhelfen. Auf diese Weise sollen orientierungslos gewordene Menschen wieder eine gewisse Routine und Verantwortung für die Gemeinschaft, aber vor allem für sich selbst entwickeln. Ein Stückchen zuhause für die Heimatlosen.

„It's my paradise. Es ist mein Paradies", sagte mir einer der Bewohner und brachte damit seinen Dank auf den Punkt. Mich berührte es sehr, diesen Ort zu sehen, von dem aus eine mittlerweile weltweite marianische Bewegung ausging. So wie es Mutter Teresa in Indien gemacht hat, so hat es Frank Duff dort auf Irisch vollbracht. Hat der Gründer sich je vorgestellt, dass es einmal auch in Österreich eine Legion Mariens geben würde?

Erinnert sei an dieser Stelle auch an Prof. Dr. Friedrich Wessely († 1970), der die Legion Marines in Österreich gründete. Er wollte stets, dass unser schönes Land ein Land Mariens werde. Durch Gebet und Apostolat an der Hand der Gottesmutter kann dies auch heute gelingen. Dies ist meine feste Überzeugung. Der Legionär Mariens ist der verbürgte Arm des Priesters in der Sorge um die Seelen. Maria ist das Apostolat.

Mit Benedikt XVI. in Istanbul

Im Februar 2006 reisten wir mit einer Gruppe der Legion Mariens in das damals noch friedliche Syrien und in den Libanon. In Aleppo, dieser herrlichen nordsyrischen Stadt mit großen Schätzen des Altertums, die heute fast völlig durch den Krieg in Syrien zerstört ist, waren wir in einem Hotel auf einem Hügel mitten in der Stadt untergebracht. Von der Hotelterrasse aus beobachtete ich einen Muezzin, der gerade sein Minarett bestieg. Die Entfernung zwischen unseren Gebäuden war gerade nah genug, dass wir beide einander gut sehen konnten.

Als der Muezzin am Ende der Wendeltreppe angelangt war, fing er mit seinen Rufen an und sang seine Sure. Doch da zog bereits ein gewaltiges Gewitter herauf. Der Himmel verdunkelte sich schnell und ein plötzlicher Platzregen prasselte auf die Stadt nieder. Das Wasser floss auch in die Hotellobby. Nach kurzer Zeit stand dort das Wasser so hoch, dass Gäste durch die Überschwemmung waten mussten.

Während die Einheimischen und Angestellten alles gelassen hinnahmen, die Gäste aufgeregt hin und her liefen, beobachtete ich weiter den Muezzin. Dem Regen folgten nun Blitze und Donnergrollen. Ich sah, wie ein Blitz in das Minarett einschlug. Das Licht ging aus und der Muezzin verstummte. Ich dachte nur: „Der arme Mann."

Der Muezzin tat mir leid und ich segnete ihn von der Hotelterrasse aus, über die Luftlinie hinweg, mit einem Kreuzzeichen. Das Licht im Minarett flackerte wieder auf. Als das Gewitter abgezogen war, sah der Muezzin zu mir herüber. Da ich immer noch auf der Terrasse stand, bedankte er sich mit einer dreifachen Verneigung für den christlichen Segen. Wie einfach eine interreligiöse Begegnung zwischen Andersgläubigen doch sein kann!

Wir wurden auf unserer Syrien-Reise von einer muslimischen Reiseleiterin namens Renate geführt, die länger in Deutschland gelebt hatte. Sie sprach sehr gut Deutsch und war nach ihrer Heirat mit einem Muslim wieder in ihre syrische Heimat zurückgekehrt. Auf einige unserer Mitreisenden machte sie den Eindruck, sehr offen für das Christentum zu sein.

Als wir ein altes Styliten (Säulensteher)-Kloster besuchten, wo sich ein Taufbecken befand, erklärte sie die Bedeutung und Geschichte des Ortes. Dann breitete sie ihre Arme aus. Wollte sie mit ihrer Gestik vielleicht deutlich machen, dass sie bereit zur Taufe sei? Renate hatte nicht nur Sehnsucht nach der Taufe, sondern bat mich, sie zu taufen!

Wir sagten ihr, dass der Name *Renate* die aus der Taufe „Wiedergeborene" bedeute. Ich fragte sie, ob sie denn nicht getauft sei? Sie antwortete, dass dies für eine Frau in einem muslimischen Land sehr schwierig sei.

Eine Taufe müsse diskret und geheim ablaufen. Dann wies sie noch einmal zu dem Taufbecken hinüber und wiederholte: *„Hier wurden die frühen Christen getauft."*

Da tauchte ich meine Finger in das Wasser des Taufbeckens und sagte: *„Renate, Ich taufe dich im Namen des Vater und des Sohnes und des Heiligen Geistes."* Überglücklich umarmte Renate mich. Mir war zwar bewusst, dass dies nicht das übliche Verfahren war, doch ich erkannte, dass es keinen anderen Weg gab. Ich sah ihre Sehnsucht und Gott sah ihr Herz. Über die Gültigkeit der Taufe muss Gott allein entscheiden.

In der syrischen Hauptstadt Damaskus besuchten wir die weltberühmte Umayyaden-Moschee. Eines ihrer drei Minarette ist nach Jesus (Isa) benannt. Die Menschen glauben, dass Jesus eines Tages dort erscheinen werde. Die Moschee ist eine Pilgerstätte für Moslems und Christen gleichermaßen, weil sich hier in einem Schrein das Haupt des heiligen *Johannes des Täufers* befindet, der von Christen wie Muslimen gleichermaßen verehrt wird.

Nur neun Monate später, im November 2006, reisten wir mit einer Reisegruppe, deren geistliche Leitung mir anvertraut war, wieder in den Vorderen Orient. Anlass war die Pilgerreise von Papst Benedikt XVI. in die Türkei. Wir kamen schon einige Tage vor dem Heiligen Vater in Istanbul an, um uns ein eigenes Bild von den Menschen dort zu machen. Wir wollten schließlich nicht gleich den von Medien vorproduzierten Vorurteilen folgen. Oftmals ist ja die Berichterstattung ideologisch oder kirchenkritisch gefärbt.

Wir fanden die Türken dort relativ aufgeschlossen und tolerant gegenüber dem christlichen Glauben. Kurz vor dem Besuch des Heiligen Vaters waren viele Straßen bereits abgeriegelt, sodass wir mit unserem Reisebus nicht mehr durchkamen. Als ich dann jedoch im Mönchshabit ausstieg und zur Absperrung ging, erkannten uns die Polizisten als christliche Pilger und ließen uns sofort passieren. So fuhren wir mit dem Bus durch menschenleere Straßen in die Stadt ein. Mein schwarz-weißer Zisterzienserhabit diente sozusagen als Passierschein, allerdings mit einer Ausnahme.

Als wir die berühmte ehemalige byzantinische Zentralkirche, die *Hagia Sophia*, besuchen wollten, sollte ich, so der Rat unseres türkischen Reiseführers, lieber Zivilkleidung tragen. Denn in dieser Kirche, die heute nur noch ein Museum ist, dürfen weder Muslime noch Christen beten. Doch am Beten ließen wir uns nicht hindern. An der Stelle, wo wir den Platz des früheren Altares vermuteten, sprachen wir ganz diskret unser Gebet.

Weil Papst Benedikt für den nächsten Tag in der *Sultan-Ahmed-Moschee*, auch *Blaue Moschee* genannt, angesagt war, gingen wir dorthin. Ein faszinierendes Bauwerk mit sechs Minaretten. Lediglich die Prophetenmoschee in Medina und die Hauptmoschee in Mekka haben mit zehn beziehungsweise neun Minaretten mehr Türme.

Am Eingang mussten wir unsere Schuhe ausziehen. Ein Mufti empfing uns freundlich. Unser muslimischer Fremdenführer sagte dann zu unserem Erstaunen: *„Es ist zwölf Uhr, Sie können ruhig Ihr Gebet sprechen."* Und so fingen dreißig Männer und Frauen an zu singen: *„Der Engel des Herrn aus Gottes Gnad', hat Maria die Botschaft bracht: Sie soll die Mutter Gottes sein und bleiben eine Jungfrau rein."* Wie schön, dass wir sogar eingeladen wurden, unsere Glaubensüberzeugung zum Ausdruck zu bringen.

Zu unserem Erstaunen erzählte der muslimische Reiseführer, der in Deutschland studiert hatte, Folgendes: *„Wir Muslime wissen nicht, ob wir gerettet oder verdammt sind. Das ist Kismet, Schicksal, und das bestimmt Allah alleine! Wir beten daher in Richtung Mekka und hoffen, gerettet zu werden. Ihr Christen geht jedoch in einen Holzkasten (Er meinte den Beichtstuhl!) und der Priester gibt Euch die Lossprechung und dann wisst Ihr, dass Ihr gerettet seid. Das haben wir Muslime nicht."* Eine bessere Beicht-Katechese hätte ich nicht halten können als diejenige, die wir hier von einem Moslem in einer Moschee in Istanbul gehört hatten.

Am nächsten Tag meinte unser Reiseführer, dass es klüger wäre, sich den Papstbesuch in der Hagia Sophia und in der Blauen Moschee im Fernsehen anzusehen. Man würde ohnehin nicht in die Gebäude hineinkommen. So verfolgten wir das Geschehen über den Bildschirm. Hintergrund der vielen Absperrungen war die angespannte Lage, die sich nach der sogenannten Regensburger Vorlesung von Papst Benedikt XVI. ergeben hatte.

Nur zwei Monate zuvor hatte der Heilige Vater bei seinem Deutschland-Besuch eine Rede an der Universität von Regensburg gehalten, bei der er eine Aussage des byzantinischen Kaisers Manuel II. über die religiös motivierte Gewalt zitiert hatte. Viele Moslems hatten diese Worte als Hasspredigt gegenüber dem Islam missverstanden. Doch die vom Vatikan veröffentlichte Klarstellung beruhigte die Gemüter weitgehend. Aber Proteste gab es immer noch, was die Vorsichtsmaßnahmen der türkischen Regierung erklärte.

Nun betrat der Heilige Vater ohne Schuhe und in seinen weißen Strümpfen zusammen mit dem Mufti von Istanbul, *Mustafa Cagrisi*, die Moschee. Mit geschlossenen Augen standen beide dort; der Mufti bewegte die Lippen beim Gebet; der Papst hatte die Hände vor der Brust, knapp unterhalb seines Brustkreuzes, leicht verschränkt. Seine Hände waren zwar nicht zum Gebet gefaltet, hingen aber auch nicht teilnahmslos seitlich herab.

Später jubelten die türkischen Medien über das gemeinsame Gebet der beiden Religionsführer; der Vatikan betonte allerdings, dass der Papst lediglich meditiert habe. Türkische Studenten, die mit unserer Reisegruppe gemeinsam die Bilder im Fernsehen verfolgten, übersetzten uns die Worte des türkischen Fernsehsprechers begeistert. Von den Demonstrationen, über die internationale Medien in den Tagen danach berichteten, merkten wir Touristen in der Millionenmetropole nichts.

Einen bedrückenden Eindruck hinterließ bei uns allerdings der Besuch des *Topkapı-Palastes*. Der ehemalige Sultanspalast war zwar architektonisch herrlich anzusehen, doch die Waffensammlung Mohammeds vermittelte negative Gefühle. Bei der Führung hieß es: Das sind Erinnerungsgegenstände des größten Propheten aller Zeiten, *Mohammeds*. Wir sahen Pfeil und Bogen, die Kampfschwerter, mit denen er Tausende niedergemetzelt hatte.

In der Bibel heißt es aber: *Alle, die zum Schwert greifen, werden durch das Schwert umkommen* (vgl. Mt 26,52). Wie froh war ich, dass es keine Kampfschwerter und Mordwaffen von Jesus gibt. Mir wurde eindrücklich klar, dass der Islam eine Religion ist, die durch den militärischen Kampf die Menschheit erobern will. In der Geschichte der Christenheit gab es im Mittelalter zwar auch Kreuzzüge. Das muss man schon zugeben! Aber vom Stifter, von Jesus Christus her, ist Waffengewalt, Gott sei Dank, kein Auftrag.

Am 1. Dezember 2006, einen Tag nach dem Andreasfest, durfte ich bei einer Messe mit dem Heiligen Vater in der *Heilig-Geist-Kathedrale* konzelebrieren. Aus Platzgründen hatte unsere Reisegruppe leider keine Eintrittskarten mehr bekommen und musste daher den Gottesdienst auf Bildschirmen verfolgen. Der Papst hatte das Weihrauchfass in der Hand und hätte beim Vorbeigehen fast mein Messgewand angezündet, so eng war der Platz in der kleinen Kirche.

Als wir nach der Heiligen Messe mit dem Papst in der Sakristei unsere Gewänder ablegten, durfte ich dem Heiligen Vater auf dem Weg zu seinem Auto kurz begegnen. Genau dort, zwischen Tür und Angel, trafen wir uns und der Papst fragte mich: *„Woher kommen Sie?"* „Aus Heiligenkreuz", antwortete ich. Der Papst umarmte mich und fuhr fort: *„Lassen Sie mir den Abt schön grüßen!"* Es war keine große, offizielle Begegnung. Mitten auf den Stufen, die von der Sakristei zum Parkplatz führten, konnten wir aber ein kurzes Gespräch führen, was mir unendlich viel bedeutete.

Der Besuch des Heiligen Vaters in der Türkei hatte einen stark familiären Charakter. Der Papst war hier einfach hergekommen, um ganz unspektakulär die wenigen Katholiken in diesem Land zu stärken, das einst ein Ursprungsland des Christentums war und heute politisch und religiös so ganz anders geprägt ist. Benedikt XVI. wollte aber vor allen Dingen eine Brücke zur Orthodoxie schlagen.

Der Papst kommt nach Heiligenkreuz!

Eigentlich war Papst Benedikt XVI. wegen des 850-jährigen Jubiläums des Wallfahrtsortes Mariazell nach Österreich gekommen. Dass er dann am 9. September 2007, seinem letzten Besuchstag, auch das Stift Heiligenkreuz besuchen würde – wer hätte das zu hoffen gewagt? Noch nie war in der fast 900-jährigen Geschichte unseres Klosters ein Papst in den Wienerwald gekommen, und nun kam tatsächlich der „deutsche" Papst.

Über fünfzehntausend Menschen hatten sich im Inneren und Äußeren Stiftshof versammelt; die Zufahrtsstraßen waren blockiert, sodass viele Pilger einen langen Fußmarsch auf sich nehmen mussten, um den Heiligen Vater zu begrüßen. Und endlich rollte die Wagenkolonne heran. Die Menge der Pilger begrüßte den Heiligen Vater mit einem Meer von weiß-gelben Tüchern, der seinerseits seine Freude, an diesem Ort zu sein, nicht verbarg.

Ein historischer Moment für unser Stift, ergreifende Stunden für alle, die dabei waren. Die Stiftskirche erstrahlte in ihrem vollen Glanz, als der Heilige Vater in großem Gefolge einzog. Und der „*Mozart der Theologie*", wie der Kölner Kardinal und Erzbischof Joachim Meisner Benedikt XVI. einmal genannt hatte, hinterließ uns wunderbare Worte. Er sprach beispielsweise im Hinblick auf die Hochschule Heiligenkreuz von der

„unaufhebbaren Komplementarität" von wissenschaftlicher Theologie und gelebter Spiritualität und von der großen Aufgabe von uns Mönchen:

Die Mönche „*beten zu allererst nicht um dies oder jenes, sondern sie beten einfach deshalb, weil Gott es wert ist angebetet zu werden. Ein solches zweckfreies Gebet, das reiner Gottesdienst sein will, wird daher mit Recht ‚Officium' genannt. Es ist der Dienst, der heilige Dienst der Mönche. Er gilt dem dreifaltigen Gott, der über alles würdig ist, ‚Herrlichkeit zu empfangen und Ehre und Macht' (vgl. Offb 4,11), da er die Welt wunderbar erschaffen und noch wunderbarer erneuert hat.*

Zugleich ist das ‚Officium' der Gottgeweihten auch ein heiliger Dienst an den Menschen und ein Zeugnis für sie. Jeder Mensch trägt im Innersten seines Herzens die Sehnsucht nach der letzten Erfüllung, nach dem höchsten Glück, also letztlich nach Gott, sei es bewusst oder unbewusst. Ein Kloster, in dem sich die Gemeinschaft täglich mehrmals zum Gotteslob versammelt, bezeugt, dass diese urmenschliche Sehnsucht nicht ins Leere geht."

Und welche zeitlosen Worte fand unser geliebter Heiliger Vater über die besondere und anziehende Rolle der Gottesmutter Maria in unserem Orden und in Heiligenkreuz:

„Dieses Kloster ist nicht nur traditionell der Gottesmutter geweiht – wie alle Zisterzienserklöster – sondern bei Euch glüht das marianische Feuer eines heiligen Bernhard von

Clairvaux. Bernhard, der mit dreißig Gefährten ins Kloster eingetreten war, ist eine Art Patron der geistlichen Berufe. Vielleicht wirkte er deshalb so mitreißend und mutgebend auf viele berufene junge Männer und Frauen seiner Zeit, weil er so marianisch war. Wo Maria ist, da ist das Urbild der Ganzhingabe und der Christusnachfolge. Wo Maria ist, da ist das pfingstliche Wehen des Heiligen Geistes, da ist Aufbruch und authentische Erneuerung."

Ja, ich wusste, diese Ansprache, diese Begegnung mit dem Heiligen Vater, das war der Höhepunkt in meinem Leben. Die Kirche leerte sich langsam, nachdem der Papst die Stiftskirche wieder verlassen hatte. Zusammen mit Pater Dominikus blieb ich noch eine Weile im Chorgestühl sitzen. Wir beide verspürten einfach eine so große innere Zufriedenheit und dachten: *„Jetzt braucht nichts mehr zu sein und die Welt ist am Ende, der Herr wird wiederkommen, und die Sache ist erledigt."*

So erfüllend empfanden wir diese Begegnung. Nichts war übertrieben, theatralisch, gekünstelt. Ein gläubiger Mensch, der sein ganzes Leben Gott und der Kirche geschenkt hat, kommt und betet mit uns und freut sich, dass wir dasselbe tun. Gleichzeitig freuten wir uns natürlich über die anerkennenden Worte des Papstes für die jahrelange Aufbauarbeit für Hochschule und Kloster. Dann spendete der Heilige Vater von der kleinen Loggia im äußeren Hof der riesigen Menge der Pilger den apostolischen Segen.

Als sich schließlich die großen Schar der Zisterzienser zum Gruppenfoto mit Benedikt XVI. versammelte, zeigte er sich begeistert und erstaunt zugleich. *„Seid's ihr so viele?"*, fragte er mit seinem bayrischen Akzent und wollte kaum glauben, dass wir alle aus nur einem Kloster stammen. So nahm er in unserer Mitte auf dem für ihn bereitgestellten Stuhl für das Erinnerungsfoto Platz.

Schließlich neigte sich dieser eigentlich viel zu kurze Besuch des Heiligen Vaters dem Ende zu. Wir wussten noch nicht, dass Benedikt XVI. unserer Hochschule wenig später sogar das Privileg verleihen würde, seinen Namen tragen zu dürfen.

Als sich der Papst vom Gruppenfoto erhob und sich auf den Weg zu seiner Wagenkolonne machte, rutschte sein Stofftaschentuch aus seinem Ärmel. Altabt Gerhard, der neben ihm gesessen war, hob es auf und gab es dem Papst zurück. Der ließ es schmunzelnd wieder im Ärmel seiner weißen Soutane verschwinden. Die kurze Geste erschien so normal und familiär – gerade so, als ob sich der Heilige Vater hier zuhause fühlte.

Warum war dieser Besuch ein so besonderes Ereignis für uns Mönche, ja für manche sogar der Höhepunkt ihres Lebens? Der Papst, der Nachfolger des heiligen Petrus, der von Jesus Christus selbst eingesetzte Fels der Kirche, ist der menschliche Stellvertreter Christi auf Erden. Während Jesus das unsichtbare Oberhaupt der

Kirche ist, verehren wir den Papst als unser sichtbares Haupt der Kirche. Anders aber als bei weltlichen Präsidenten oder Königen, die heute oft nur noch repräsentative Funktionen haben, vertritt der Papst – trotz aller natürlich auch gegebenen menschlichen Schwächen – den unsichtbaren Jesus Christus in sichtbarer Gestalt.

Deswegen waren wir so erfüllt von dieser sichtbaren Gegenwart Christi mitten unter uns. Wir wussten, dass der Herr wirklich da ist. Wir fragten uns einen Moment, ob es nach 900 Jahren hier in Heiligenkreuz überhaupt noch eine Steigerung geben könne. Wir hätten den Heiligen Vater am liebsten nicht mehr fortziehen lassen. Aber wir wussten natürlich auch, dass uns im Himmel und in der Ewigkeit noch mehr erwartet: Jesus Christus selbst und nicht nur sein irdischer Stellvertreter.

„Freunde des Heiligen Kreuzes"

Das Gebet ist eine große Kraft. Jesus sagt: „Bittet, dann wird euch gegeben; sucht, dann werdet ihr finden; klopft an, dann wird euch geöffnet." (Matthäus 7,7) Von meinem Kloster Heiligenkreuz geht eine große Kraft aus. Aber auch unsere Gemeinschaft braucht Kraft und Gebet. Darum gibt es eine Gebetsgemeinschaft von Gläubigen, die den Namen „Freunde des Heiligen Kreuzes" trägt. Sie ist allen zugänglich, die mit Heiligenkreuz geistlich durch das Gebet verbunden sein wollen.

Ich darf diese Gebetsgemeinschaft seit 1976 leiten; sie wurde bereits 1951 vom Diener Gottes Abt Karl Braunstorfer und vom damaligen Prior Pater Walter Schücker gegründet. Zum aktuellen Zeitpunkt zählt sie 2.054 Mitglieder. Es handelt sich um eine rein geistliche Gemeinschaft! Es gibt also keine Mitgliedschaft „auf dem Papier", keine Mitgliedsbeiträge oder Ähnliches. Als Geistlicher Leiter lade ich die Freunde jedes Jahr zu Einkehrtagen ein: einmal in der Fastenzeit, einmal im Advent. Das Sekretariat schickt regelmäßig per Post oder per E-Mail Informationen.

Ohne die „geistige Energie" der vielen betenden und opfernden „Freunde des Heiligen Kreuzes" könnten wir Mönche unsere Aufgaben nicht erfüllen! Die Gebetsgemeinschaft ist aber keine Einbahnstraße, sodass hier nur wir Mönche vom Gebet der Mitglieder profitieren. Nein, auch die Mitglieder empfangen geistliche Gaben: Als Gegengabe nehmen wir Mönche alle Anliegen der Freunde des Heiligen Kreuzes, alle Sorgen, Freuden und Schwierigkeiten in unser Gebet auf, besonders in das heilige Messopfer. Wir vereinigen uns mit der Lebenshingabe Christi an den Vater, indem wir ein Leib und ein Geist werden in ihm und ein Herz und eine Seele untereinander.

Was soll ein Mitglied der „Freunde des Heiligen Kreuzes" tun? Das Wesentliche ist eigentlich, dass man versucht, sein Leben, und seine Arbeit zu heiligen, besonders durch die Mitfeier der Liturgie. Man soll je nach Alter, Stand und Beruf sein Bestes tun. Hier einige Punkte, die wir empfehlen:

1. Man soll täglich beten: „Wir beten dich an, Herr Jesus Christus, und preisen dich, denn durch dein heiliges Kreuz hast du die Welt erlöst."

2. Man soll den Tag mit einem Gebet beginnen und beschließen.

3. Man soll die Heilige Messe so oft wie möglich – am besten täglich – mitfeiern; verbunden mit dem Empfang der Heiligen Kommunion zumindest an Sonn- und Feiertagen.

4. Man soll seine Lebensgestaltung nach dem Lauf des liturgischen Kirchenjahres ausrichten: mit Wachsamkeit für die Feier der Liturgie und das Hören auf das Wort Gottes.

5. Man soll möglichst täglich einen kurzen Text aus der Heiligen Schrift betrachtend lesen.

6. Man soll, wenn es die Gegebenheiten erlauben, das Stundengebet beten.

7. Man soll die Anliegen und Aufgaben des Klosters mittragen. Manche können sogar ihr persönliches körperliches oder seelisches Leid aufopfern und sich so mit dem leidenden Gekreuzigten verbinden.

8. Besonders nach Empfang der Eucharistie empfiehlt sich das Gebet zum heiligen Kreuz.

Wie gesagt, die Gebetsgemeinschaft ist sehr wichtig für unser Kloster, denn die vielen hunderten Mitglieder tragen durch ihr Gebet, und manche auch durch ihr Leiden, unsere klösterliche Gemeinschaft mit ihren vielfältigen Aufgaben. Wäre die Blüte von Heiligenkreuz und unserer Hochschule ohne das Gebet so vieler denkbar? Es ist ganz einfach, in die Gebetsgemeinschaft aufgenommen zu werden. Wer mitbeten will, der soll einfach einen Brief schreiben an:

Sekretariat der Gebetsgemeinschaft
„Freunde des Heiligen Kreuzes"
Stift Heiligenkreuz, Markgraf-Leopold-Platz 1
A-2532 Heiligenkreuz, Österreich
Telefonnummer: 0043-2258-8703-194
Fax: 0043-2258-8703-316

Segenswunsch von Pater Walter Schücker († 1977)

Der Gründer unserer Gebetsgemeinschaft Pater Prior Walter Schücker († 1977) hat ein heiligmäßiges Leben geführt, er hat viele Menschen als Seelsorger geistlich begleitet und war zugleich ein vorbildlicher Mönch. Ich möchte dieses Buch mit einem Wort von Pater Walter Schücker schließen. Es handelt sich um einen Segenswunsch über die „Freunde des heiligen Kreuzes", der allen Lesern gelten soll. Er schreibt:

„Die Gemeinschaft selbst möge zu unserem Segen weiterwachsen und alle umfassen, die uns in der Gottesliebe und im Streben nach der Ausbreitung seines Reiches verbunden sind. Wir Mönche wollen gerne mithelfen, die Lebensform des innerlichen Christen, der in der Welt lebt, im rechten Geist mitzugestalten. Diese Lebensführung aber wird aus dem Geist zu schaffen sein, der von den Stätten des Gebetes ausgeht."